개천혁명

위대한 대한민국으로 가는 유일한 길

동아엠앤비

차례

책머리에

환웅이 풍백·우사·운사 세 신하와 3천 명의 천손을 거느리고 태백산 신단수 아래로 내려왔으니 이것이 개천이다. 호랑이 부족과 곰 부족 같은 지손은 환웅에게 천손이 되고 싶다고 간청했다. 환웅이 쑥·마늘을 먹으며 수양할 것을 요구하자 호랑이 부족은 포기하고 만다. 하지만 곰 부족은 이를 완수해 여왕이 환웅의 아내가 되는 영광을 누린다…….

천손이 지손을 교화하는 장면으로부터 우리 민족의 '선민사상'을 느낄 수 있다. 이것이 세상을 널리 이롭게 한다는 환웅배달의 개국이념 '홍익'이다. 즉 '우리는 누구인가' 질문에 대한 답은 천손이고, '우리는 어떻게 살아야 하는가' 질문에 대한 답은 홍익인 것이다. 여기서 우리는 개천사상, 홍익사상, 천손사상이 결국 모두 같은 것임을 깨닫게 된다.

애국가에 나오는 '하느님'은 하늘을 숭앙하는 천손의 전통을 말해 주고 있다. 오죽하면 '개천절', 즉 '하늘이 열린 날'이라는 공휴일까지 있을까. 대한민국은 '하늘의 나라'인 것이다. 하지만, 정말 놀랍게도, 많은 사람들이 전혀 인식하지 못하고 있다. 우리 태극기가 5500년이나 됐다는 사실은 당연히 모르고 심지어 중국에서 온 것으로 아는 사람도 부지기수다.

하늘의 자손은 하늘을 잊은 것이다. 곰 부족과 호랑이 부족은 식민사학에 의해 곰 한 마리와 호랑이 한 마리로 둔갑했고, 그 결과 하늘의 자손 천손은 곰의 자손 웅손이 됐다. 역사상 가장 좁은 영토를 가지고, 역사교육도 제대로 못하며, 사대주의에 찌들어 사는 우리는 '가장 못난 후손'임에 틀림없다.

나라의 비전도 '소중화'에서 '소미국'으로 바뀐 느낌이다. 미국이 우리나라를 도와준 고마운 선진국이라는 사실은 인정해야 한다. 하지만 어찌 10000년 역사를 가진 나라가 300년도 안 된 나라를 닮고자 하는가. 우리나라가 합중국인가. 미국은 미국이고 우리나라는 우리나라다. 미국의 장점만 배우면 되는 것이다.

조국과 민족을 말하는 것이 세계화에 역행하는 촌스러운 일이라고 여기며 애국애족을 얘기하면 국수주의자로 몰아가는 사람들이 의외로 많다. 그 중에는 열등감에 빠진 나머지 우리 것을 무시하며 말할 때마다 영어를 섞는 등 백인 코스프레하는 사람들도 있다. 이런 사람들이 우리 역사에 관심이 있을 리가 있는가. 우리 민족의 10000년 역사를 말아먹을 천박한 후손들이다.

재미교포들이 하는 말 '우리는 Korean American 이상도 아니고 이하도 아니다'를 귀담아들어야 한다. 'Korea'가 흥하면 미국 안에서 상층 계급이 되고 망하면 하층 계급이 된다는 말이다. 따라서 우리는 위대한 대한민국, 'Great Korea'를 건설해 교포들이 한국인으로 태어나고 한국어를 하는 것을 자랑스럽게 생각할 수 있도록 만들어야 한다. 그리고 굳건한 우리 민족 네트워크를 결성해 세계경영에 나서야 한다.

나는 2013년 대한민국 U-20 축구팀이 이라크와 가진 8강전을 보고 깊은 충격을 받았다. 승부차기에 나선 청소년 선수들이 얼마나 긴장하고 떨렸을까. 이라크 선수들은 모두 모여 기도를 했다. 몇 명은 하늘을 바라보며 알라를 외쳤다. 우리 선수들도 둥글게 모여서 얘기를 나눴다.

그 긴박한 순간 우리 팀 청소년들은 무슨 얘기를 나눴을까. '국민의 기대를 저버리지 말고 꼭 승리하자' 정도가 아니었을까. 그렇다면 우리 팀은 정신적으로 접히고 들어갔다고 봐야 한다. 신에게 기도해 '믿는 구석'이 생긴 팀은 그렇지 않은 팀보다 낫지 않겠는가. 꼭 그 이유 때문이라고 말할 수는 없지만 결국 우리 팀은 졌고 앞으로도 이와 비슷한 일은 계속 일어날 것이다.

이는 한마디로 우리나라에 국교가 없어 생긴 일이다. 종교가 없는 내 입장에서 객관적으로 보면, 적어도 앞으로 수십 년간 우리나라에는 국교가 없을 것처럼 보인다. 왜냐하면 우리나라는 다양한 종교로 '황금분할' 돼 있기 때문이다. 세상 어느 나라가 우리나라처럼 국장을 치를 때 네댓 번이나 종교의식을 하는가. 따라서 대한민국의 국혼은 종교가 아닌 사상에서 찾을 수밖에 없다.

사상 중에서 국혼의 격을 갖춘 것은 천손사상, 홍익사상과 본질적으로 같은 개천사상뿐이다. 밴쿠버 올림픽 TV 중계에서 성당에 다니는 김연아 선수가 성호를 긋고 출전하는 것을 봤다. 그런데 금메달이 확정된 순간 마이크를 들이대자 김연아 선수는 '하늘이 도왔어요!' 하는 것이었다. 그녀가 대한민국 사람이라는 증거다. 앞서 U-20 축구팀을 맡은 어른들도 청소년 선수들에게 '하늘이 도울 것이다!'라고 격려하는 수밖에 없었고 그렇게 했어야 옳았다.

나는 미국 유학시절 한국인의 민족정신을 물어온 외국인의 질문에 무척 당황한 적이 있었다. 아무리 생각해봐도 3·1 정신, 새마을정신, 화랑정신, 충무정신…… 어느 것 하나 내 가슴을 진정으로 채우고 있지 않았기 때문이었다. 대한민국의 국혼이 개천사상이었음을 미처 깨닫지 못했던 것이다. 평화를 사랑하면 전쟁을 준비하라는 말처럼 세계화를 추진하려면 먼저 정체성을 분명히 해야 한다. 개천사상이라는 국민정신이 흔들리면 세계화는 의미가 없다.

여기서 사상과 종교를 혼동하면 안 된다. 교회, 도장, 사원, 성당, 절…… 어디를 다니든, 종교가 없든, 대한민국 국민이라면 개천사상을 공부해야 하는 것이다. 국교가 없으면 사상이라도 종교 대신 국민을 하나로 묶는 공통분모가 돼야 하지 않겠는가. 이념으로, 종교로, 지연으로, 학연으로, 혈연으로, 빈부로 사분오열된 이 나라를 어찌할 것인가. 이 천박한 모습이 우리 민족의 한계인가. 우리는 이 정도밖에 안 되는가. 국혼이 죽으니 왜 독립을 유지하고, 왜 남북통일을 해야 하고, 왜 고토를 회복해야 하는지 그 이유조차 모른다.

대한민국을 개천사상으로 통일시키는 방법은 '개천혁명'밖에 없다. 꼭 총칼을 들어야 혁명이 아니다. 나는 개천혁명이라는 말이 결코 과하다고 생각하지 않는다. '환단고기' 내용이 우리나라 역사 교과서에 들어가는 일 같은 것들은 현재로서는 '혁명적 변화' 없이는 불가능해 보이기 때문이다.

어떻게 배달민족의 역사 교과서 어디에도 환웅배달이 나오지 않는가. 최근 우리나라 청소년들은 음식을 빨리 배달하고 택배산업이 발달해서 우리를 배달민족이라 부른다고 믿는단다. 웃을 수만도 없는 일이다. 사실 우리 청소년들이 배달이라는 말을 그런 경우 말고는 들어볼 기회가 없기 때문이다.

나는 대한민국이 컴퓨터라면 다시 포맷하고 싶다. 대한민국은 개천혁명으로 다시 태어나야 하기 때문이다. 이 혁명은 위대한 대한민국으로 가는 유일한 길이다.

개천혁명은 공부하는 대한민국만이 이룰 수 있다. 한국인 하면 '공부하는 사람들' 같은 이미지가 먼저 떠오르도록 우리는 태어나서 죽을 때까지 공부해야 한다. 물론 공부하지 않는 사람들은 당연히 대한민국의 지도층이 될 수 없는 것이다. 개천혁명의 삼계명은 아래와 같다.

개천혁명 삼계명

1. 우리 역사를 공부하고 개천을 이해한다
2. 우리 사상을 공부하고 천손을 인지한다
3. 우리 문화를 공부하고 홍익을 실천한다

선진국으로 가는 4차 산업혁명을 위해 개천혁명이 기본 콘텐츠를 제공해야 한다. 개천혁명이 이룩되면, 세계화의 바탕이 되는 정체성도 확립하게 되고, 하늘의 군대 국군의 정신전력이 강화되고, 북한의 주체사상을 압도해 통일 이후 조국의 사상적 안정에 기여할 수 있고, 미래 고토 회복의 근거도 마련하게 되는 것이다. 다시 한 번 강조한다. 현재로서는 개천혁명, 천손혁명, 홍익혁명만이 위대한 대한민국으로 가는 유일한 길이다.

'삼국지'의 제갈량이 남병산 칠성단에 올라가 남동풍을 빌던 심정으로 우리나라에 '개천풍'이 불기를 진심으로 기원한다. 하늘은 우리를 도울 것이다!

천백 박 석 재

제1부

우리 역사를 공부하고 개천을 이해한다

아직도 단군조선이 신화의 나라라고 믿는 사람들이 많다. '환단고기'에 단군조선 시대의 천문기록 '오성취루'가 나오는데 컴퓨터를 돌려보면 정확히 일치한다. 천문대를 가진 단군조선은 훌륭한 고대국가였음을 알 수 있다. 또한 이것 하나만 보더라도 '환단고기'는 위서가 아님을 알 수 있다. '환단고기'는 개천의 주체가 단군보다 환웅임을 명시하고 있다. 즉 환웅배달이 최초의 우리나라라는 말이다. 환인환국은 우리나라는 물론 유라시아 나라들의 시원으로 볼 수 있다. 대한민국 국민은 우리 역사를 제대로 공부해 식민사학의 그늘에서 벗어나 진정한 개천의 의미를 이해해야 한다.

단군조선은 신화의 나라가 아니다

학창시절 배운 국사 교과서에서 BC 2333년 왕검이라는 단군이 조선을 건국한 후 고구려가 건국될 때까지는 내용이 거의 없는 '블랙홀'이다. 따라서 만일 단군조선이 신화의 나라에 불과하다면 우리 역사는 2천 년밖에 안 된다. 일본 역사보다도 짧아지는 것이다.

그런데 그 역사의 블랙홀 한복판에 천문관측 기록이 있다. '환단고기'의 '무진오십년오성취루', '戊辰五十年五星聚婁' 기록이다. 여기서 '무진오십년'은 BC 1733년을 말하고 '오성'은 물론 수성·금성·화성·목성·토성을 말한다. '취'는 모인다는 뜻이고 '루'는 동양 별자리 28수의 하나다. 즉 이 문장은 'BC 1733년 오성이 루 주위에 모였다' 같이 해석된다.

이 기록을 처음으로 검증해 본 천문학자는 라대일 박사와 박창범 박사다. 그 검증 결과는 논문으로 작성돼 1993년에 발행된 한국천문학회지에 실렸다. 나는 큰일을 해낸 두 후배 천문학자가 너무 자랑스럽다. 안타깝게도 라대일 박사는 요절했다.

이 기록을 천문학적으로 확인하는 데 슈퍼컴퓨터 같은 대단한

JOURNAL OF THE KOREAN ASTRONOMICAL SOCIETY
26: 135 ~ 139, 1993

ON ASTRONOMICAL RECORDS OF DANGUN CHOSUN PERIOD

LA, DAILE
Korea Astronomical Observatory
Daedok Science Town 305-348, Daejeon, Korea
AND
PARK, CHANGBOM
Department of Astronomy
Seoul National University, Shinlimdong, Seoul, Korea
(Received Aug. 27, 1993; Accepted Oct. 11, 1993)

ABSTRACT

Events of eclipses as well as other major astronomical events observable in the eastern sector of Asian continent are computed and checked with astronomical records of antiquity. Particular attention was given to two types of the events recorded in remaining records of Dangun Chosun Period (DCP): (1) concentration of major planets near the constellation of Nu-Sung (β Aries) and (2) a large ebb-tide. We find them most likely to have occurred in real time. i.e., when the positions of the sun, moon, and planets happen to be aligned in the most appropriate position. For solar eclipses data, however, we find among 10 solar eclipse events recorded, only 6 of them are correct up to months, implying its statistical significance is no less insignificant. We therefore conclude that the remaining history books of DCP indeed contains important astronomical records, thereby the real antiquity of the records of DCP cannot be disproved.

Key Words : astronomical records, computer simulations.

라대일-박창범 박사의 역사적 논문 첫 페이지

장비가 필요한 것이 아니다. 나도 천문 소프트웨어를 노트북에서 돌려봤다. 그 결과 BC 1734년 7월 중순 저녁 서쪽 하늘에는, 왼쪽에서부터 오른쪽으로, 화성·수성·토성·목성·금성 순서로 오성이 늘어섰다! 특히 BC 1734년 7월 13일 저녁에는 달과 해 사이에 오성이 '주옥처럼' 늘어섰다. 이 현상은 보름 이상 계속됐기 때문에 아무리 장마철이었다 하더라도 단군조선 천문학자들이 놓쳤을 리 없었다.

오차가 1년 있기는 하지만 약 4000년 전 일을 추정하는 입장에서 보면 이것이 바로 오성취루라고 봐야 한다. 그 당시 달력이 어땠는지 알 길이 없기 때문에 더욱 그렇다. 또한 '루', 양자리 β별 주위가 아니라 '성', 바다뱀자리 α별 주위에 오성이 모여 사실은 '오성취성'이라야 하는데 이는 4천 년 전 28수가 지금과 다르기 때문이라고 생각할 수밖에 없다. 오히려 똑같으면 이상한 것 아닌가. 하지만 이미 오성취루로 너무 많이 알려져서 오성취성으로 바로 잡히지는 않을 것 같다. 과학사에서 이런 일은 비일비재하다. 중요한 사실은 오성결집이 실제로 일어났고 옛 기록이 옳다는 것이다.

오성취루 같은 천문현상을 임의로 맞추거나 컴퓨터 없이 손으로 계산하는 일은 불가능하다. 따라서 BC 1734년 우리 조상들은 천문현상을 기록으로 남길 수 있는 조직과 문화를 소유하고 있었음을 알 수 있다. 즉 천문대를 가진 단군조선은 고대국가였던

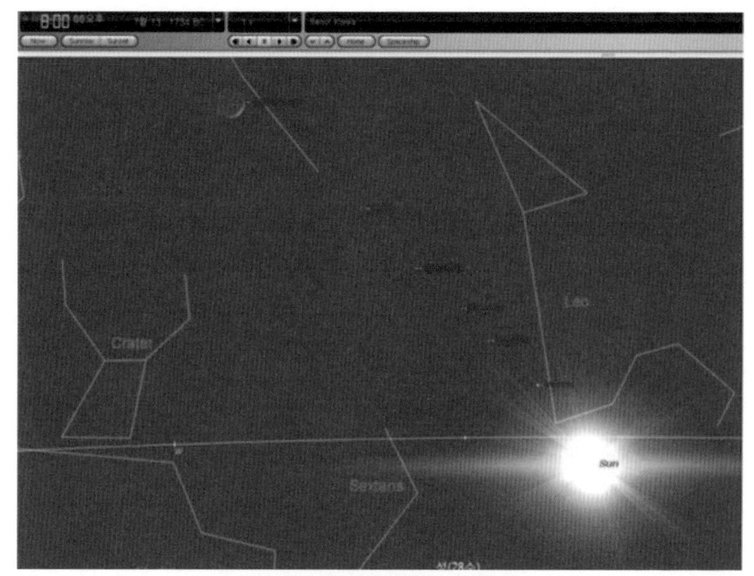

BC 1734년 7월 13일 저녁 8시 서쪽 하늘
(천문 소프트웨어 'Starry Night')

왼쪽부터 화성 · 수성 · 토성 · 목성 · 금성을 그린 상상도

것이다. 이제 더 이상 단군조선을 신화의 나라로 치부하는 일이 없어야겠다.

개천절의 주인공은 단군보다 환웅이다

개천절은 왜 10월 3일일까. 왕검이란 단군이 아사달에 조선을 건국한 날짜가 '환단고기'에 음력 10월 3일로 나와 있기 때문이다. '개천 1565년 10월 3일 왕검이란 사람을 단군으로 추대했다' 같이 요약되는 기록을 근거로 한 것이다.

위 기록에서 '개천 1565년'이라는 말에 주목해야 한다. 단군이 조선을 세운 것이 개천이 아니라 그보다 1564년 전에 환웅이 배달을 세운 것이 '진짜 개천'이라는 뜻이다. 의심할 여지가 없는 명쾌한 서술이다. 즉 개천 1565년이 단기 1년이자 서기 BC 2333년이라는 말이다.

우리 후손들이 개천절 행사 때 '진짜 개천'을 기념하지 않기 때문에 환웅배달의 역사 1565년을 국사에서 송두리째 잃어버리고 있다. 또한 개천절의 주인공이 배달의 환웅이 아니라 조선의 단군으로 잘못 인식돼 있다. 그 결과 단군은 캐릭터가 나올 정도로 우리에게 친숙해졌지만 환웅의 모습은 전혀 알려져 있지 않을 정도로 낯설다.

개천절은 1919년 상해임시정부에서 음력 10월 3일로 정해졌다. 하지만 1949년 대한민국 정부에서 개천절을 양력 10월 3일로 바꿔 오늘에 이르고 있다. 해방 이후 정부는 음력을 버리려고 꾸준히 시도했는데 그 불똥이 개천절까지 튀었던 것이다.

그 이유는 나라가 잘 살려면 서양을 따라가야 한다는 통념에 젖은, '잘못된 시대적 분위기' 탓이었다. 어느 정부 관계자가 이유도 없이 괜히 음력을 없애려고 했겠는가. 근대화 과정에서 서양식으로 개혁한 일본이 우리를 식민통치했다는 사실에 이를 갈았기 때문이다. 기필코 우리나라를 일본처럼 개혁하고야 말겠다는 애국심 때문이었던 것이다.

지금은 많이 사라졌지만 이 '잘못된 시대적 분위기'가 아직도 '서양 사대주의'로 변신해 여기저기 독버섯처럼 남아있다. 그리하여 설날을 '구정'이라고 불러 '신정'으로 대체돼야 한다는 이미지를 심었다. 심지어 공휴일에서 제외시키기도 했다. 하지만 음력은 국민의 저항으로 없애지 못했다. 그도 그럴 것이, 아직도 많은 사람들이 음력으로 생일을 쇠고 제사를 지내지 않는가.

이후 설날은 '민속의 날'이라는 이름으로 하루짜리 공휴일이 됐다가 나중에 지금처럼 연휴가 된 것이다. 음력이 지켜진 것은 국민의 뜻, 곧 하늘의 뜻이다. 현재 음력을 양력과 같이 써서 불편한가? 전혀 그렇지 않다. 일본의 경우 음력을 버렸기 때문에 예를 들어 칠월칠석 행사는 양력 7월 7일, 장마철 한복판에 할 수밖에 없다. 하지만 우리나라의 경우 음력 7월 7일은 휴가철 한복판이다.

음력은 국민이 지켜냈지만 대한민국이 건국된 1948년부터 아무런 불편 없이 사용된 단기 연호는 1961년에 사라졌다. 이것 역시 '잘못된 시대적 분위기' 연장선상에서 일어난 일이다. 단기를 서기와 같이 쓰면 불편할까? 전혀 그렇지 않다. 음력을 버린 일본도 연호는 쓰고 있지 않은가. 더구나 일왕이 바뀌면 연호도 바뀌어 복잡한데도 말이다. 북한도 '주체' 연호를 사용하고 있지 않은가. 국학원과 같은 애국단체들이 단기연호회복운동을 벌이고 있는 것은 바로 이런 이유 때문이다.

나는 이번 기회에 아예 우리나라의 연호를 단기보다 개천으로 바꾸는 운동을 제안하고 싶다. 왜 우리 역사 1565년을 없애는가. 같은 '반만 년' 역사라도 개천은 5000년이 넘고 단기는 5000년이 안 된다. 서기 BC 1년에서 AD 1년으로 넘어올 때에는 BC 0년이나 AD 0년이 없다. 따라서 예를 들어 서기 2017년은 단순히 2333년을 더해 단기 2333 + 2017 = 4350년이 된다. 하지만 개천 1565년과 단기 1년은 중복되기 때문에 서기 2017년은 개천 1565 + 2333 + 2017 - 1 = 5914년이 된다. 즉 '진짜 개천'은 BC

1565 + 2333 - 1 = 3897년에 있었던 것이다.

'환단고기'에 의하면 우리나라 상고사는 셋으로 나뉜다.

1. 환인환국 : BC 7197년부터 BC 3897년까지 3301년간 7명의 환인이 다스린 나라

2. 환웅배달 : BC 3897년부터 BC 2333년까지 1565년간 18명의 환웅이 다스린 나라

3. 단군조선 : BC 2333년부터 BC 238년까지 2096년간 47명의 단군이 다스린 나라

환국은 3301년간 통치됐으므로 환기 3301년이 개천 1년이고 이것이 곧 서기 BC 3897년이다. 그러니까 첫 환인이 환국을 세운 것은 BC 3301 + 1565 + 2333 - 2 = 7197년이 된다. 그리고 서기 2017년은 환기 3301 + 1565 + 2333 + 2017 - 2 = 9214년이 되는 것이다.

서기		역사	환기	개천	단기
BC	7197	환인환국 건국	1		
	7196	…	2		
	7195		3		
	…		…		
	3898		3300		
	3897	환웅배달 건국	3301	1	
	3896	…	3302	2	
	3895		3303	3	
	…		…	…	
	2334		4864	1564	
	2333	단군조선 건국	4865	1565	1
	2332	…	4866	1566	2
	2331		4867	1567	3
	…		…	…	…
	2		7196	3896	2332
	1		7197	3897	2333
AD	1		7168	3898	2334
	2		7169	3899	2335
	…		…	…	…
	2016		9213	5913	4349
	2017	현재	9214	5914	4350

환기, 개천, 단기 연호 환산표

'환단고기'는 위서가 아니다

'환단고기'는 위서가 아니다. 단 한 줄도 읽어보지도 않은 사람들이 '황당고기' 운운하며 위서, 즉 거짓이라는 주장에 동조하며 부화뇌동하는 것을 지켜보고 있노라면 정말 안타깝기 짝이 없다. '환단고기'는 한자로 '桓檀古記' 같이 적는데 '桓仁', '桓雄', '檀君'의 옛 기록이라는 뜻이다. 환인은 '桓因'으로 적기도 한다. 환인, 환웅, 단군을 삼성, 한자로 '三聖'이라 한다. 그리고 환국, 배달, 조선 시대를 삼성조시대, '三聖祖時代'라고 부르는 것이다.

지식인을 자처하는 사람들조차 '환단고기'를 옛날 우리 조상들이 러시아만 한 나라를 세우고 세계를 지배했다는 내용을 일제 강점기 때 누군가 거짓으로 써내려간 책으로 알고 있다. '환단고기'가 위서라는 말이 무슨 뜻인지 아는가? 태호복희와 치우천자의 예를 보자.

태극기를 만든 태호복희는 중국에서 거의 신이나 다름없이 숭배를 받고 있다. 유일하게 '환단고기'만이 태호복희가 단군조선 이전 환웅배달 사람이라고 정확히 기술하고 있다. '환단고기'가 없으면 태호복희는 중국 사람이 되고 우리 태극기도 중국제가 된다. 또한 민족의 수호신 치우천자도 중국 도깨비가 되고 '붉은 악마'는 중국 응원단이 되는 것이다. 최소한 '환단고기'를 읽어보고 얘기하기 바란다. 일단 '환단고기'는 한 권의 책이 아니다.

안함로의 '삼성기 상'
원동중의 '삼성기 하'
이암의 '단군세기'
범장의 '북부여기'
이맥의 '태백일사'

5권의 책을 통틀어 '환단고기'라고 한다. 각 책의 제목은 한자로 '三聖紀', '檀君世紀', '北夫餘紀', '太白逸史' 같이 적는다. 책 제목에서 '記'와 '紀'가 혼용되고 있음에 유의하자. 앞에서 설명한 오성취루는 '단군세기'에 나온다. 오성취루의 천문학적 검증은 '환단고기'가 거짓이 아니라는 진실을 명백하게 증명해준 것이다.

대륙사관 대신 반도사관이 자리를 잡은 조선시대에 이르러 중

八道觀察使曰古朝鮮秘詞大辯說朝代記周南逸士記誌公
記表訓三聖密記安含老元董仲三聖記道證記智異聖母河
沙良訓文泰山王居仁薛業等三人記錄修撰企所一百餘卷
動天錄磨蝨錄通天錄壺中錄地華錄道詵漢都讖記等文書
不宜藏於私處如有藏者許令進上以自願書冊回賜其廣諭
公私及寺社○日本國王使者全密等辭爲書以答曰朝鮮國
王奉復日本國王殿下海天遼邈音徽阻隔恩承辱价從意交
至深慰不已我國與貴國世敦隣好以孫不德幸蒙天之力初
定國亂卽位日淺未遑通問以講信義爲愧來示重新佛刹欲
得錢爲資但本國錢幣不行已久公私所儲不敷謹收若干緡
錢庶助萬一弘揚法敎彼此一致隨喜隨喜特遣大藏經全部
以備瀋閱幷將不腆土宜就付來使聊表禮信冀領留聞貴國
畫屛貴扇製造甚精沈香雖佛尤所珍妙如以見惠豈不幸哉
餘異珍重自愛大藏經一部石燈臺五事鞍子一面諸緣具白
細綿紬二十匹紅細苧布一十匹白細苧布二十匹黑細麻布

세조가 팔도관찰사에게 내린 역사책 수거령

국이라는 '큰집'이 생겼다. 이는 위화도 회군 때부터 예견된 일이었다. 작은 나라가 큰 나라를 치는 것은 하늘의 뜻을 거역하는 일이기에 할 수 없이 회군해 역성혁명을 일으켰다고 이성계는 주장했다. 그리고 그 역성혁명을 인정해달라고 사정했던 것이다. 조선은 옛날 우리 민족이 대륙을 통치했다는 내용을 담은 역사책들을 수거하고 파기해 '큰집'에 예의를 다했다. 심지어 어떤 임금은 그런 역사책들을 가진 백성들을 사형에 처하기도 했다. 그때 사라진 역사책들의 명단만 애처롭게 남아 있을 뿐이다. 예를 들어 세조가 팔도관찰사에게 내린 수거령을 보면 안함로와 원동중의 '삼성기'가 포함돼 있다.

일본의 초대 총독 테라우치 마사다케 역시 우리나라에 취임하자마자 역사책들을 수거하고 식민사학을 심기 시작했다. 대동아공영권을 펴기 위한 첫 포석으로 우리 역사책들이 다시 확인사살까지 받은 것이다. 그래서 옛날 대륙을 호령하던 우리 조상들의 역사가 수록된 사서는 이 땅에서 대부분 사라지게 됐다.

독립운동가 계연수는 1911년 그때까지 남아있던 사서들을 필사적으로 모아서 '환단고기'를 편찬했다. 안함로의 '삼성기 상'은 계연수 집안에 전해져 내려왔고 원동중의 '삼성기 하'와 이암의 '단군세기'는 진사 백관묵에게 얻었다고 한다. 범장의 '북부여기'는 진사 이형식에게 얻었는데 '단군세기'와 합본된 상태였다고 한다. 두 '단군세기'는 서로 글자 하나 다르지 않았다고 한다. 이맥의 '태백일사'는 이기가 가보로 소장하던 것을 받았다고 한다. 감수까지 해준 이기는 고성 이씨로 이암과 이맥의 후손이다. 고성 이씨는 우리 민족의 역사를 지킨 가문이라고 해도 과언이 아닌 것이다.

'환단고기' 편찬을 마친 계연수는 '手自舞 足自蹈 興欲哄 喜欲狂也', 즉 '손발이 저절로 춤을 추며 흥겨워 외치고 싶고 기뻐서 미칠 듯하다' 같이 표현했다. 너무나 멋진 말 아닌가! 그리하여 독립운동가 홍범도와 오동진의 도움을 받아 목판에 새겨 30부를 찍었다. 하지만 공개하면 압수될 것이 뻔한 상황에서 '환단고기'는 숨겨질 수밖에 없었다. 계연수는 1920년 일본 헌병들에게 체포돼 사형을 당하고 사지가 절단된 시신은 압록강에 버려졌다.

이런 이유로 '환단고기'는 해방 후 수십 년이 지나서야 이유립에 의해 세상에 공개된다. 계연수의 '환단고기' 출간 100주년이 되던 해인 2011년 민족종교 증산도의 안경전 종도사는 완벽에 가까운 역주본을 세상에 내어놓았다. 무려 30년 각고의 세월을 '환단고기'와 함께 보낸 결과였다. 총 600페이지의 해설과 800페이지의 번역으로 구성된 이 책은 대한민국 역사에 위대한 전환점을 마련했다고 평가받아 마땅하다. 대한민국 국민이라면 누구나 머리맡에 두고 시간이 날 때마다 읽어야 할 책이다.

특히 '환단고기' 위서론을 조목조목 반박해 더 이상 의심을 품을 여지를 없애버린 점이 가장 돋보였다. 나는 누구보다 먼저 이

안경전 종도사의 '환단고기' 역주본

책에 대한 추천사를 써줬다. 나는 종교도 없고 아무런 이해관계가 없음을 분명히 밝혀둔다. 내 추천사는 동영상으로 만들어져 상생방송에서 방영되고 있는데 유튜브에서 쉽게 다시 볼 수 있다. 그 내용은 아래와 같다.

학창시절 배운 국사 교과서에서 고조선이 건국된 BC 2333년부터 고구려가 건국된 BC 37년까지는 내용이 거의 없는 '블랙홀'이었다. 따라서 만일 고조선이 신화의 나라라면 우리 역사는 일본보다 짧은 2천 년에 불과하다.

그런데 그 블랙홀 한복판에 천문관측 기록이 있으니 '환단고기'의 '오성취루'가 그것이다. 천문 소프트웨어를 돌려보면 실제로 BC 1734년 7월 중순에 화성 · 수성 · 토성 · 목성 · 금성 순서로 오성이 모인다. '환단고기'의 기록은 사실이고 천문대를 가진 고조선은 신화의 나라가 아니었음을 과학적으로 증명하는 것이다.

개천절은 왜 10월 3일인가. 이것 또한 '개천 1565년 10월 3일 왕검을 단군으로 추대했다' 같이 요약되는 '환단고기'의 기록을 근거로 한 것이다. 즉 개천 1년에는 환웅의 배달 건국이, 즉 '진짜 개천'이 있었다는 뜻이다.

개천절에 '진짜 개천'을 기념하지 않기 때문에 배달의 역사 1565년을 송두리째 잃어버리고 있다. 태극기를 만든 태호복희나 민족의 수호신 치우천자는 모두 배달 사람이다. 배달을 인정하지 않으면 우리 태극기는 중국제가 되고 '붉은악마' 또한 중국 응원단이 되는 것이다.

환웅이 풍백 · 우사 · 운사 세 신하와 3천 명의 천손을 거느리고 태백산 신단수 아래로 내려왔으니 이것이 '진짜 개천'의 모습이다. 호랑이 부족과 곰 부족 같은 지손은 환웅에게 천손이 되고 싶다고 간청했다. 환웅이 쑥 · 마늘을 먹으며 수양할 것을 요구하자 호랑이 부족은 포기했다. 하지만 곰 부족은 이를 완수해 여왕은 환웅의 아내가 되는 영광을 누린다.

'환단고기'의 천손이 지손을 교화하는 장면이다. 천손의 당당함으로부터 우리 민족의 '선민사상'을 느낄 수 있다. 이것이 세상을 널리 이롭게 한다는 배달의 개국이념 홍익이다. 즉 '우리는 누구인가' 질문에 대한 답은 천손이고, '우리는 어떻게 살아야 하는가' 질문에 대한 답은 홍익인 것이다.

나는 미국 유학시절 한국인의 민족정신을 물어온 외국인의 질문에 무척 당황한 적이 있었다. 아무리 생각해봐도 3 · 1 정신, 새마을정신, 화랑정신, 충무정신…… 어느 것 하나 내 가슴을 진정으로 채우고 있지 않았기 때문이었다. 대한민국의 개국이념이 개천사상이었음을 미처 깨닫지 못했던 것이다.

평화를 사랑하면 전쟁을 준비하라는 말처럼 세계화를 추진하려면 먼저 정체성을 분명히 해야 한다. 개천사상이라는 국민정신이 흔들리면 세계화는 의미가 없다. 여기서 사상과 종교를 혼돈하면 안 된다. 교회, 도장, 사원, 성당, 절…… 어디를 다니든, 종교가 없든, 대한민국 국민이라

상생방송 '환단고기' 추천사 화면

면 개천사상을 공부해야 한다. 다문화 가족 또한 예외가 될 수 없다. 국혼이 흔들리면 대한민국의 존재 자체가 위태로워질 수밖에 없기 때문이다.

역사상 가장 좁은 영토를 가지고, 역사교육도 제대로 못하며, 사대주의에 찌들어 사는 우리는 '가장 못난 후손'이다. 곰 부족과 호랑이 부족은 식민사학에 의해 곰 한 마리와 호랑이 한 마리로 둔갑했고, 그 결과 하늘의 자손 천손은 곰의 자손 웅손이 됐다.

그러다 보니 강대국 교포처럼 언행을 해야 대접을 받는 희한한 세계화가 진행되고 있다. 애국을 얘기하면 세계화에 역행하는 국수주의자로 낙인찍히는 분위기다. 이렇게 국혼이 흔들리고 이념으로, 종교로, 지연으로, 학연으로, 빈부로…… 사분오열된 나라에 과연 미래가 있을까.

나는 대한민국이 컴퓨터라면 다시 포맷하고 싶다. 대한민국은 개천사상을 바탕으로 다시 태어나야 하기 때문이다. 개천사상을 공부하는 가장 좋은 방법은 안경전의 '환단고기' 역주본을 읽는 것이다. 이 책을 읽으면 유라시아 대륙의 동쪽을 지배한 우리 조상들의 찬란한 역사를 만날 수 있다. 위대한 대한민국을 건설할 후손들의 밝은 미래를 발견할 수 있다.

안경전의 '환단고기' 역주본은 승천하는 대한민국 용의 여의주가 되리라 믿어 의심치 않는다!

환웅배달은 최초의 우리나라다

배달의 오성결집 기록은 '천문류초'에 있다. 이 책은 세종대왕의 명에 의해 천문학자 이순지가 옛 기록들을 모아 편찬한 것이다. 이에 대해서는 내가 '프리미엄조선' 2015년 5월 12일자에 처음으로 밝힌 바 있다. '천문류초'의 전욱고양 시대 기록은 아래와 같다.

'……上古歲名甲寅甲子朔旦夜半冬至日月五星皆合在子故有合壁蓮珠之瑞以應顓帝建曆之元……'

'……상고에 해의 이름이 갑인일 때, 갑자월 초하루 아침인 동짓날 한밤중에 해와 달 및 오성이 자방에 합했다. 그래서 일월과 오성이 주옥처럼 모여 이어진 상서로움이 있게 됐고, 그 상서로움에 응해서 전욱고양이 책력을 세우는 기원으로 삼았다…….'

즉 위 기록에서 '오성개합', '五星皆合' 부분이 핵심이 되겠다. 전욱고양은 삼황오제의 두 번째 오제로서 BC 2513년부터 BC 2436년까지 77년간 서토를 다스렸으므로 갑인년은 BC 2467년이다. 오성결집을 확인하기 위해 천문 소프트웨어를 돌리자니 가슴이 떨렸다. 무려 4500년 전 선배 천문학자의 기록을 후배가 맞춰보고 있는 것 아닌가. 하지만 BC 2467년에 오성결집이 발견되지 아니하자 숨이 막혔다. 오성취루의 경우도 1년 오차가 있었기 때문에 당황하지 않고 BC 2467년 전후 10년을 모두 조사했다. 그러자 BC 2470년 9월과 BC 2469년 6월 두 차례 오성결집이 일어났음을 확인할 수 있었다!

오성취루 때와 달리 불과 1년 간격으로 두 차례나 일어난 것이다. 공전주기가 길어 상대적으로 천천히 운행하는 목성과 토성은 일단 서로 접근하면 몇 년 동안 하늘에 나란히 있다. 따라서 상대적으로 빨리 운행하는 다른 행성들, 특히 가장 빨리 움직이는 수성의 운행이 오성결집을 결정하는 가장 중요한 요소가 된다. 이때는 여건이 기가 막히게 맞아 떨어졌던 것이다. 오성결집은 이처럼 불규칙적으로 일어나서 컴퓨터를 쓰지 않고서는 예견할 수가 없다.

오성결집 중 BC 2470년 9월 것이 BC 2469년 6월 것보다 동지에 가까워 나는 일단 이것이 오성개합이라고 결론을 내렸다. 약 4500년 전 일이어서 육십갑자가 과연 정확했는지, 음력을 정확히 운용했는지, 동지는 며칠이었는지, 1년의 시작은 언제였는지…… 현재로서는 알 길이 없다. 어쨌든 중요한 사실은 오성결집이 실제로 일어났고 옛 기록이 옳다는 것이다.

오성개합은 28수 중 '각' 별자리 주위에서 오성이 모였으므로 '오성취각'으로 불러도 된다. 하지만 문헌에 오성취각으로 나올 리는 절대로 없다. 왜냐하면 오성취루의 경우도 '루'가 아니라 '성'이기 때문이다. 이는 당시 28수가 지금의 28수와 일치하지 않았기 때문이라고 판단된다.

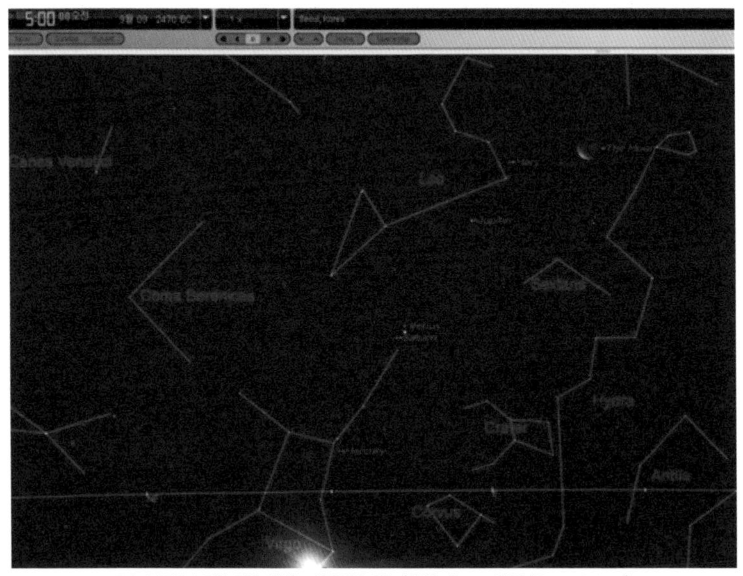

BC 2470년 9월 9일 새벽 5시 동쪽 하늘(천문 소프트웨어 'Starry Night')

왼쪽부터 수성 · 토성 · 금성 · 목성 · 화성을 그린 상상도

오성개합은 삼황오제 시대가 전설이 아니라 역사라는 사실을 증명했다. 삼황오제의 삼황은 태호복희, 신농염제, 헌원황제를 말하고 오제는 소호금천, 전욱고양, 제곡고신, 요, 순을 말한다. 오성취각은 두 번째 오제 전욱고양 시대에 일어난 오성결집 현상이었고 이것이 우리나라 천문도서 '천문류초'에 기록돼 있는 것이다. 환웅배달의 역사 또한 허구일 수가 없다는 사실도 입증된 셈이다.

하지만 나는 오성개합이 동지 근처에 일어나지 않았다는 사실

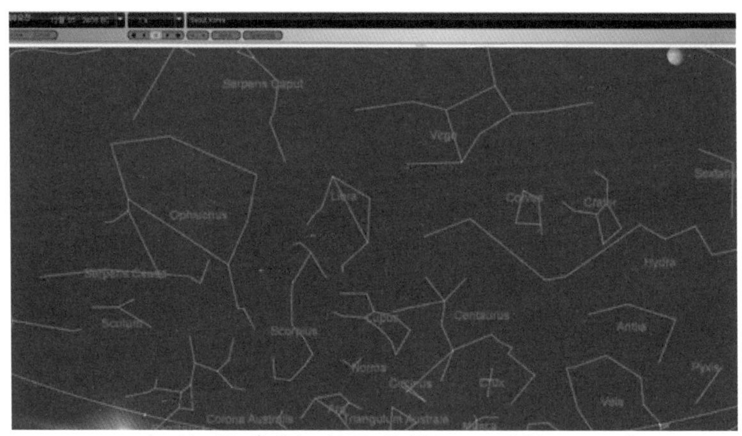

BC 2408년 12월 5일 새벽 7시 동쪽 하늘(천문 소프트웨어 'Starry Night')

왼쪽부터 수성 · 금성 · 목성 · 토성 · 화성을 그린 상상도.
달과 해 사이에 오성이 '주옥처럼' 늘어섰지만 다른 오성결집보다 간격이 넓다.

이 마음에 걸려 60년 뒤의 또 다른 갑인년, BC 2407년 근방의 오성결집 현상도 조사했다. 물론 이는 BC 2436년에 전욱고양이 죽은 뒤다. 하지만 삼황오제의 연대 기록은 중국의 '죽서기년'에 근거를 둔 것이어서 우리 '환단고기'와 다를 수도 있다. 특히 삼황시대는 무려 백 년 가까이 중국 기록이 빠를 가능성이 있다고 나는 생각한다. 그래서 60년 뒤 것은 조사해볼 필요성이 충분히 있다고 본다.

그래서 BC 2407년 전후로 오성결집을 조사했더니 BC 2408년 12월, BC 2407년 9월, BC 2406년 12월, BC 2405년 7월 등 무려 네 차례나 일어났다! 동짓날에 가까운 12월 것만 해도 2개나 됐다. 하지만 BC 2406년 것은 수성과 금성이 해에 너무 가까워 과연 육안으로 관측이 가능했을지 의심스러웠다. 그러면 둘 중에서는 BC 2408년 것일 확률이 높다. 어쨌든 갑인년에 오성결집이 일어났다는 사실은 의심의 여지가 없다.

삼황오제 시대는 환웅배달과 중복되고 황하 문명이 시작된 하나라는 단군조선과 대체로 일치한다. 이 시대 만들어진 크고 작은 '피라미드'가 중국 땅에 수백 개가 있는데 인터넷 항공사진으로 쉽게 찾을 수 있다. 즉 피라미드는 이집트에만 있는 것도 아니고 오히려 중국에 더 많은 것이다. 이 피라미드의 주인들은 환웅배달의 환웅들과 신하들, 삼황오제와 신하들일 수밖에 없다.

개천사상으로 무장한 우리 조상들은 유라시아 대륙의 동쪽을 지배했다. 먼 옛날 유라시아 대륙의 동쪽, 해가 뜨는 광명의 땅에는 자랑스러운 동이의 나라가 있었다. 태호복희는 대륙으로 건너가 중국문화의 시원을 일궜다. 중국 입장에서 볼 때 그는 동쪽에서 온 신과 같은 존재였던 것이다. 우리가 오늘날 동해라는 이름을 양보할 수 없는 이유가 무엇인가. 동해가 한반도의 동쪽에 있어서가 아니라 단어 자체가 우리 정체성을 대변하고 있기 때문이다. 즉 동해는 '한국해'란 뜻이다. 당장 애국가도 동해로 시작하지 않는가.

황하 문명 이전 BC 3000년경에 만들어진 중국의 피라미드들 (구글 사진)

홍산 문명은 환웅배달의 유적이다

홍산 문명 유적 발굴은 세계의 이목을 집중시킨 역사적 사건이었다. 이 유적은 지난 세기 중국 요령성 지역에서 발견됐는데 황하 문명보다 1000~2000년 앞섰다. 유적 주위 산들이 마치 화성표면처럼 철광석 성분이 많은 흙으로 조성돼 붉게 보이기 때문에 홍산이라는 이름이 붙여졌다. 중국은 이 홍산 문명을 요하문명이란 이름으로 홍보하고 있다. 나머지 인류 4대 문명, 즉 이집트, 메소포타미아, 인더스 문명보다 앞선 요하문명을 내세워 인류문화의 기원이 중국에서 비롯됐다고 주장하고 있는 것이다.

하지만 홍산 문명의 내용을 살펴보면 중국의 주장이 헛된 것임을 알게 된다. 홍산 문명 유적지 중 우하량에서 16곳을 발굴했는데 13곳이 적석총이었다. 적석총은 우리 배달민족의 대표적인 무덤 양식으로 화하민족과는 거리가 멀다. 적석총 중에는 하늘에 제를 지내던 원형 제단과 같이 있는 것도 있다. 이것은 '天圓地方', 즉 하늘은 둥글고 땅은 방정하다는 우주관에서 비롯된 것이다. 바로 이 위에서 우리 민족이 지내는 천제의 원형이 펼쳐졌던 것이다!

중앙의 둥근 천단과 적석총이 있는 우하량 유적

우하량에서는 신전도 발굴됐는데 3명의 여신상과 곰과 새의 소조상이 나왔다. 곰과 새를 신성시한 토템 신앙의 산물이다. 이것도 화하민족과는 어울리지 않는다. 또한 다양한 옥 장신구와 신물이 출토됐다. 그 중 옥검은 비파형 동검과 똑같은 모양을 하고 있어 단군조선의 문화가 홍산에서 비롯됐음을 증명하고 있다. 심지어 옥으로 만들어진 누에까지 나왔다. 환웅배달 시대에 이미 비단옷을 입었다는 얘기다!

환웅은 환인에게 '천부인'을 받고 내려왔다고 했다. 여기서 '天符'는 검, 거울, 방울을, '印'은 도장을 뜻하는 것으로 알려졌다. 그 시대에 과연 도장이 존재했을까. 놀랍게도 인근 내몽골 나만기 유적에서 옥인장이 출토됐다. 천부인 역시 사실이었던 것이다!

홍산 문명 시기에 해당되는 화하민족의 나라가 없어 지금 중국이 당황하고 있을 것이다. 화하란 중국 역사상 가장 오래된 나라 이름 '夏'에 빛날 '華'를 더한 말로 춘추시대 이후 등장했다. 이것이 나중에 가운데 '中'과 합쳐져서 중화, '中華'가 됐다. 중화사상은 한마디로 '中國'이 글자 그대로 '가운데 나라'라는 것이다. 중국 땅에서 일어난 역사는 모두 중국 역사라는 해석이 동북공정의 철학이다. 그래서 고구려가 중국 역사의 일부라고 주장하는 것이다. 세상에 이런 억지가 어디 있는가.

우리는 '가운데 나라' 중국의 입장에서 보면 동이, 서융, 남만,

북적 중의 하나, '동쪽 오랑캐'일 뿐이다. 그런데 우리는 참 '착하다'. 중국을 '지나'라고 부르지 않고 꼬박꼬박 '가운데 나라'로 불러주니 말이다. '支那'의 '支'는 '가지'를 뜻하니 화하는 '가지' 역할밖에 못했던 것이다.

발굴된 홍산 문명의 무덤

'환단고기'는 중국의 삼황오제가 배달민족이었다고 전한다. 우리가 '둥치'였다는 얘기다. 한마디로 중국은 상고사가 없었다. 문제는 '가장 못난 후손'인 우리다. '東夷'의 '夷'가 아직도 대한민국 옥편에 '오랑캐 이'라고 나오는 것이다. 실제로 오랑캐는 오랑캐로 물리치라는 뜻을 가진 사자성어 이이제이는 '以夷制夷'로 적고 있다.

태호복희와 치우천자는 환웅배달의 영웅이다

태호복희는 배달 5대 태우의 환웅의 막내아들이라고 '환단고기'는 기술하고 있다. 그러니까 복희는 약 5500년 전 배달 사람이었던 것이다. 그런데 복희는 태극기를 만든 사람이니 이 말은 우리 태극기가 5500년 됐다는 말과 똑같다. 세계 어떤 나라가 5천 년이 더 된 국기를 가지고 있는가? 아마 인류 4대 문명 발상지에 있는 나라들도 그렇지 못할 것이다. 그뿐만이 아니다. 태극기는 세계의 수많은 국기 중 유일하게 '우주의 원리'를 바탕으로 만들어져 있다. 이만큼 신나고 자랑스러운 일이 어디 있는가?

태호복희가 만든 환역과 음양오행 우주는 나중에 주역의 바탕이 된다. 즉 복희 때문에 우리가 오늘날 새해 토정비결을 보고 결혼할 때 궁합을 보게 된 것이다. 그는 천문에도 밝아 24절기도 만들었다. 그리하여 중국에서 삼황오제의 으뜸으로 거의 신이나 다름없이 숭배를 받고 있다.

화려하게 치장된 태호복희의 묘소가 여러 지역에 있고, 지자체들은 서로 자기 것이 진짜라고 주장하고 있다. 하지만 정작 출생지는 없는데 이는 복희가 배달 사람이었기 때문이다. '환단고기'는 복희의 묘소가 산동성 어대현 부산에 있다고 전한다. 중국의 동굴에서 출토된 복희와 여동생 여와의 양탄자 그림을 보면 뱀의 꼬리를 가진 두 사람이 별들을 바탕으로 잣대를 들고 우주를 창조하고 있다. 부부관계인 두 남매는 중국 같은 나라에서는 거의 신적인 대접을 받고 있다.

태호복희가 만든 환역은 중국 주역의 바탕이 된다. 즉 복희 때문에 우리가 오늘날 새해 토정비결을 보고 결혼할 때 궁합을 보

중국 산동성 회양현 묘소의 태호복희

양탄자에 그려진 태호복희와 여와

게 된 것이다. 그는 천문에도 밝아 달력인 '환력'을 만들었고 이를 바탕으로 24절기를 만든 것으로 알려져 있다. 환역과 환력은 헷갈리지만 한자로 쓰면 각각 '桓易', '桓曆'으로 분명히 구분된다.

옛날 중국 사람들이 태호복희가 배달 사람이라는 사실을 알았다는 심증은 여기저기 깔려있다. 중국 사람들이 묘사한 복희는 대체로 악귀와 같은 모습을 하고 있다. 그런데 생각해보자. 복희와 같은 현자가 그런 흉한 모습을 하고 있었겠는가? 이는 마치 일부 SF, Science Fiction 영화에서 지구까지 쳐들어 올 수 있는 기술을 보유한 외계인이 체액을 질질 흘리는 모습으로 묘사되는 것만큼 웃기는 일이다.

환웅배달의 영웅으로 태호복희 이외에도 치우천자가 있다. 국가대표 축구 응원단 '붉은 악마'로 유명한 치우천자는 배달의 14대 자오지 환웅이다. 사마천의 '사기' 주석에 치우가 천자로 호칭되고 있음은 잘 알려진 사실이다. 기록을 보면 중국의 황제들은 모두 치우를 숭배했다. 장군들이 출정을 앞두고 치우에게 제를 지내는 풍습도 생겼다.

치우천자는 백두산 신시에 있던 배달 수도를 서토를 정벌하기 위해서 청구로 옮겼던 위대한 민족영웅이다. 그동안 중국은 치우를 오랑캐 취급하다가 최근 들어 자기들 조상으로 편입시키려 하고 있다. 우리나라에서는 그나마 국가대표 축구 응원단 '붉은 악마'가 치우를 지켜내고 있다.

'붉은 악마'의 상징 치우천자

'환단고기'에는 동두철액, 즉 '銅頭鐵額' 구리로 된 투구를 쓰고 철로 된 갑옷을 입었던 것으로 자세히 묘사돼 있다. 아마 그래서 모습이 도깨비처럼 그려진 것 같다. 태호복희를 악귀처럼 그릴 정도였으니 치우천자는 말할 것도 없다. 중국 사람들이 치우를 얼마나 무서워했는지는 능히 짐작할 수 있는 일이다.

이순신 장군도 치우천자에게 제를 지낸 후 참전했다고 난중일기에 적혀 있다. 영화 '명량'에는 이 장면이 잘 나오는데 김한민 감독은 치우 옆에 '桓' 글자와 '天山白陽 弘益理化' 문장까지 추가하는 기지를 발휘했다. 치우는 한마디로 우리 '전쟁의 신'인 것이다. 치우는 최초로 구리 투구를 썼기 때문에 무서운 도깨비와 같은 캐릭터로 표현된다. 이것을 국방 분야는 물론 모든 분야에서 적극적으로 활용해야 한다. 대한민국의 합동참모본부 같은 상급부대를 '치우 부대'라고 부르지 않는 것이 정말 안타깝다.

대한민국 사람이라면 누구나 2002년 월드컵의 감격을 잊지 못할 것이다. 붉은악마의 신명나는 기운이 전국을 감싼 가운데 수없이 많은 태극기가 휘날렸고 천지를 진동하는 함성이 울려 퍼졌다. 질풍노도와 같은 그 기세로 장엄했던 태호복희와 치우천자의 배달 역사를 밝혀 나아가자. 역사를 되찾은 민족의 미래는 밝기만 할 것이다.

치우천자에게 제를 지내는 이순신 장군(영화 '명량')

환인환국은 유라시아의 시원이다

일연의 '삼국유사'에는 '석유환국', 한자로 '昔有桓国'이라는 기록이 있다. 즉 '옛날 환국이 있었다'라는 뜻이다. 일본의 식민사학자 이마니시 류는 이 기록에서 '国'을 '因'으로 변조해 '옛날 환인이 있었다'로 둔갑시켰다. 이마니시 류는 일제강점기에 조선사편수회를 이끌며 우리 역사를 왜곡하는 데 앞장섰던 악명 높은 인물이다. 아마 환국이 그의 눈에 가장 거슬렸던 모양이다. 환국이 과연 어떤 나라이기에 그토록 역사에서 지우고 싶었을까.

환국이 개국한 BC 7197년은 거의 1만 년 전, 즉 빙하기가 끝난 시점이다. 지구는 거의 10만 년 전부터 빙하기였으며 북위 40도 근처까지 얼음으로 뒤덮여 있었다. 빙하기 직후 '황금시대'가 가능했을까? 우리 조상들은 어디서 와서 언제 정착했을까? 환국에

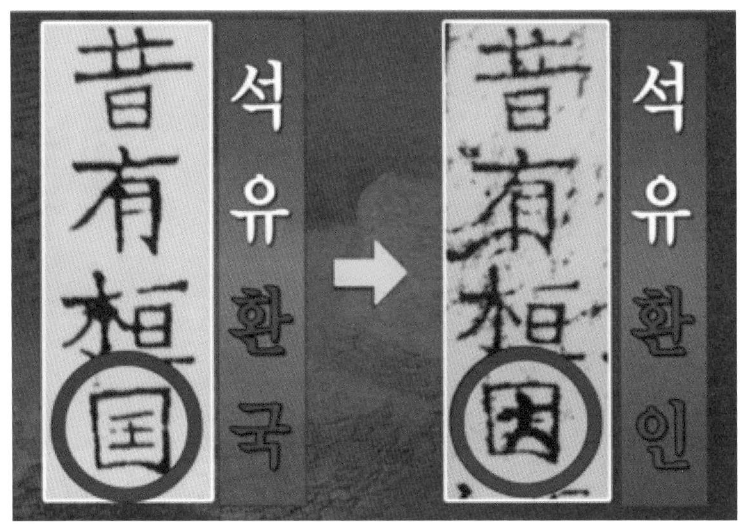

'삼국유사'에서 식민사학자 이마니시 류가 변조한 부분

관한 내용들은 어디까지 진실일까?

지난 2014년 이틀에 걸쳐 방송된 'KBS 파노라마' 다큐멘터리에서 이 질문들에 대한 답들을 찾을 수 있다. 부산 가덕도에서 발견된 약 7천 년 전 유골들의 DNA 검사 결과 유럽 여성이 발견됐다는 것이다! 생각보다 훨씬 일찍, 광범위한 인류의 대이동이 존재했다는 증거가 아니고 무엇이겠는가.

빙하기에도 남방계 우리 조상들은 육지였던 황해를 통해 수만 년에 걸쳐 올라왔던 것이다. 빙하기가 끝나던 약 1만 년 전 얼음이 녹으면서 지구는 급격한 기후변화를 겪게 된다. 다큐멘터리

KBS 다큐멘터리 한 장면

팀은 빙하기 직후 몽골 지방이 현재의 한반도처럼 여름 장마가 있었다는 사실도 밝혀냈다. 겨울에 동토가 되는 바이칼 호수 지역 역시 비옥한 땅이었다. 환국 시절은 '황금시대'였던 것이다.

북방계 우리 조상들은 빙하기 직후부터 집중적으로 내려왔고 환웅이 3천 명의 천손을 이끌고 내려온 것이 거의 마지막 단계였다. 그리하여 남방계와 북방계가 만나 '한국인'이 태어났고 '단일민족'으로 여겨졌던 것이다. 조용진 한국얼굴연구소장의 말을 빌면 그 당시는 결국 수십 km 이내에서 배우자를 만났기 때문에 그리 될 수밖에 없었다. 명품 다큐멘터리를 제작한 김현기 PD 등 제작진에게 찬사를 남긴다. 덕분에 환국의 존재를 믿는 일이 한층 더 탄력을 받은 느낌이다.

하지만 거대한 환국의 크기와, 7명의 환인이 3301년 다스렸다고 기술된 부분이 문제다. '환단고기'에 의하면 환국은 어차피 12개의 나라로 잘게 나뉘어 있었다. 그러니 환국을 상징적 나라로 봐도 좋을 것 같다. 12개 나라의 왕들을 비롯해 부족장들은 환인을 정신적 지주로 삼고 살았을 것이다. 그러면 환국에 속한 나라라고 볼 수 있지 않겠는가. 또한 안파견, 혁서, 고시리, 주우양, 석제임, 구을리, 지위리 일곱 환인 중 일부가 가문의 이름이라면 3301년을 다스리는 것 또한 가능하다. 정보가 빈약한 상고사를 다루는 우리는 모든 가능성에 대비하지 않으면 안 된다.

'환단고기'가 '吾桓建國最古', 즉 '우리 환족이 세운 나라가 가장

환국을 이룬 12개의 나라

오래 됐다'로 시작해도 환국을 꼭 우리나라만의 시원으로 보기는 어렵다. 환국에서 내려와 환웅은 태백산에 배달민족 나라를 세웠고 반고는 삼위산에 화하민족 나라를 세웠기 때문에 중국도 충분히 환국을 자기네 시원이라고 주장할 수 있는 것이다.

삼성조시대 중 개천으로 개국한 배달부터는 분명히 우리나라의 역사지만 환국은 유라시아의 역사라고 봐야 한다. 그래야만 '환단고기는 우리 민족이 다해먹었다고 한다' 같은 비아냥을 근본적으로 피할 수 있다. 안경전의 '환단고기' 역주본 표지에 '인류 원형 문화의 원전'으로 소개되고 있음을 되새겨봐야 할 것이다.

이제는 '역사전쟁' 시대다. 이미 동북공정을 수행한 중국이니 '환국공정', 나아가 '환단공정'도 하지 않으리라 장담할 수 없다. 나는 이미 중국이 환단공정에 나설 것이라고 예언한 바 있다. 즉 환국은 물론 배달이나 조선까지 중국 역사라고 주장할 수 있다는 얘기다. 고구려도 중국의 역사라고 주장하는 마당에 못할 이유가 있는가. 어쩌면 이미 환단공정에 착수했다고 보는 것이 옳을지도 모른다.

환국이 유라시아의 역사든 무엇이든 우리 역사임에는 틀림없다. 따라서 우리 역사를 '만 년'이라고 해도 문제될 것은 없다고 본다. 그런데 반고는 환국에서 빈손으로 내려왔지만 환웅은 환인에게 천부인을 받고 내려왔다. 이 정도면 배달이 환국의 장자국 정도는 되지 않겠는가.

서효사란 무엇인가

조선의 6대 달문 단군은 구월산에 제후들을 소집해 삼신께 제사를 드리고 신지 발리에게 서효사를 발표하게 했다. '환단고기'에는 서효사 180자가 수록돼 있다. 한 사람이 평생 서효사 같은 글 하나 쓰기도 쉬운 일이 아니다. 서효사만 봐도 '환단고기'가 한 사람의 창작물이라고 믿는 사람들이 얼마나 어리석은지 깨달을 수 있다. 내가 마침 소설 '유위자-개천기5'에서 서효사를 전서체로 정리한 바 있어 이를 소개한다.

조광선수지 삼신혁세림
환인출상선 수덕굉차심
제신의견웅 승조시개천
치우기청구 만고진무성

誓效詞

朝光先受地 三神赫世臨

桓因出象先 樹德宏且深

諸神議遣雄 承詔始開天

蚩尤起靑邱 萬古振武聲

淮岱皆歸王 天下莫能侵

王儉受大命 歡聲動九桓

魚水民其蘇 草風德化新

怨者先解怨 病者先去病

一心存仁孝 四海盡光明

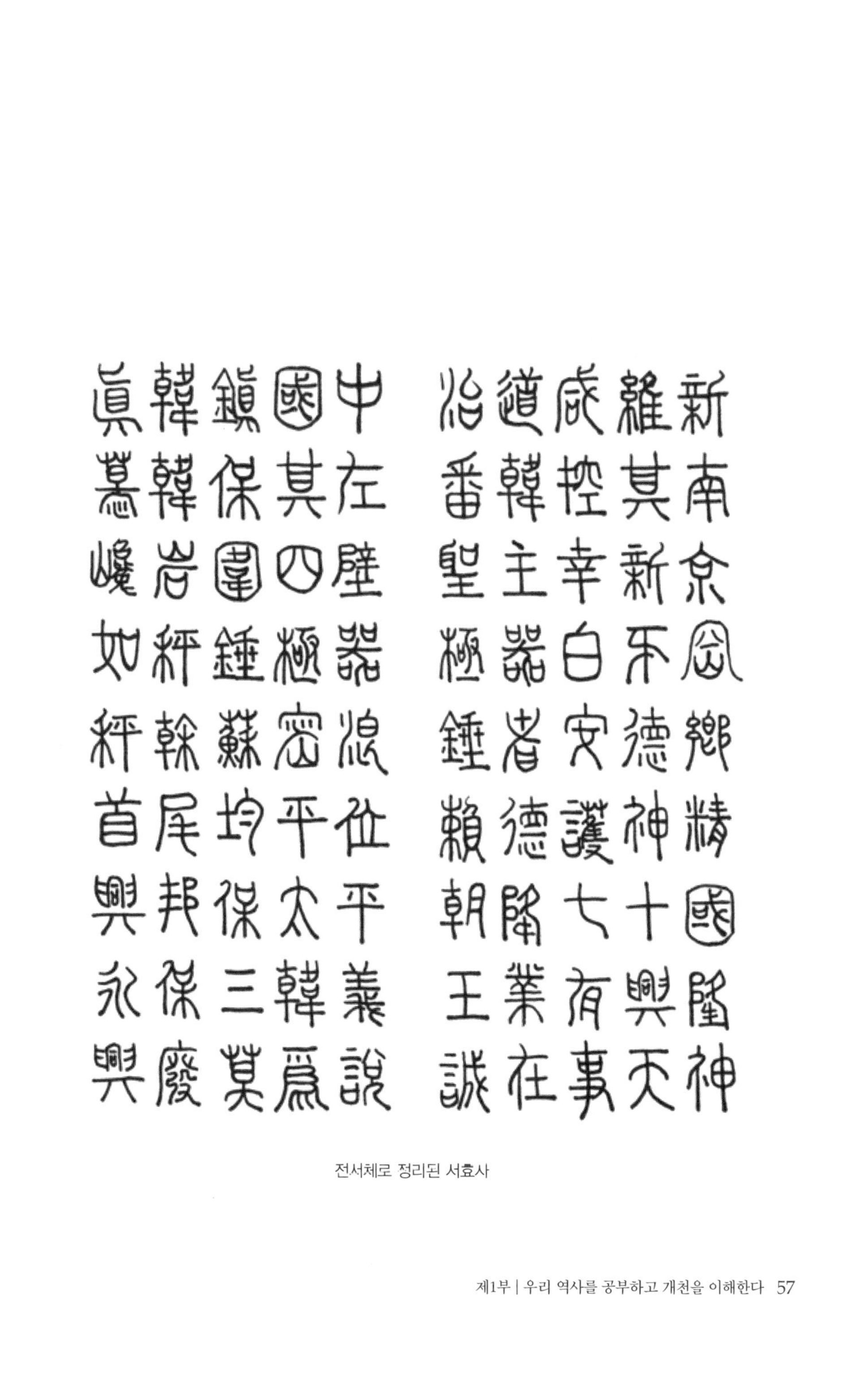

전서체로 정리된 서효사

회대개귀왕 천하막능침
왕검수대명 환성동구환
어수민기소 초풍덕화신
원자선해원 병자선거병
일심존인효 사해진광명
진한진국중 치도함유신
모한보기좌 번한공기남
참암위사벽 성주행신경
여칭추극기 극기백아강
칭간소밀랑 추자안덕향
수미균평위 뇌덕호신정
홍방보태평 조강칠십국
영보삼한의 왕업유흥륭
홍폐막위설 성재사천신

아침햇빛 먼저 받는 이 땅에 삼신께서 밝게 세상에 임하셨고
환인천제 먼저 법을 내셔서 덕을 심음에 크고도 깊사옵니다.
모든 신이 의논해 환웅을 보내셔서 환인천제 조칙 받들어 처음으로 나라 여셨사옵니다.
치우천황 청구에서 일어나 만고에 무용을 떨치셔서
회수태산 모두 천황께 귀순하니 천하의 그 누구도 침범할 수

없었사옵니다.
단군왕검 하늘의 명을 받으시니 기쁨의 소리 구환에 울려 퍼졌사옵니다.

여기까지는 우리 단군조선의 역사를 정리하는 내용이다. 아침 햇빛 먼저 받는 이 땅에 삼신께서 밝게 세상에 임하셨고—이것은 하느님께서 광명으로 세상을 열었다는 말이고, 환인천제 먼저 법을 내셔서 덕을 심음에 크고도 깊사옵니다—이것은 환국에 환인천제가 계셨음을 알려주는 말이다. 모든 신이 의논해 환웅을 보내셔서 환인천제 조칙 받들어 처음으로 나라 여셨사옵니다— 이것은 환웅천황이 신시에 배달을 개천했다는 뜻이고, 치우천자 청구에서 일어나 만고에 무용을 떨치셔서—이것은 배달 18대 천황님들 중에서도 14대 치우천자님 때 청구로 천도해서 대륙을 다스렸다는 역사를 강조한 말이다. 회수태산 모두 천황께 귀순하니 천하의 그 누구도 침범할 수 없었사옵니다—이것은 치우천자 때 배달의 영토가 흑룡강에서 양자강까지 이르렀다는 말이고, 단군왕검 하늘의 명을 받으시니 기쁨의 소리 구환에 울려 퍼졌사옵니다—이것은 드디어 단군왕검께서 조선을 세웠다는 뜻이다.

물고기 물 만난 듯 백성들이 소생하고 풀잎에 부는 바람처럼 덕화가 새로워졌사옵니다.

원한 맺힌 자 원한 먼저 풀어주고 병든 자 먼저 낫게 하셨사옵니다.

일심으로 인과 효를 행하시니 사해에 광명이 넘치옵니다.

진한이 나라 안을 진정시키니 정치의 도는 모두 새로워졌사옵니다,

모한은 왼쪽을 지키고 번한은 남쪽을 제압하옵니다.

깎아지른 바위가 사방 벽으로 둘러쌌는데 거룩하신 임금께서 새 서울에 행차하셨사옵니다.

여기까지는 단군조선의 삼한관경제를 얘기하고 있다. 삼한관경제란 조선이 넓은 영토를 마한, 번한, 진한으로 나눠 통치한 것을 말한다. 즉 삼한을 통틀어 '대한'이라고 부르는 것이고 따라서 '대한민국'이란 곧 '단군조선의 나라'라는 뜻이다. 나중에 한반도 끄트머리에 자리 잡았던 마한, 변한, 진한과 분명히 다른 나라들이다. 이 나라들을 후삼한이라고 부르고 단군조선의 삼한은 전삼한이라고 부른다.

진한의 한자 표기가 다른데 병용된 것으로 보인다. 모한은 왼쪽을 지키고 번한은 남쪽을 제압하옵니다—여기서 모한은 마한을 말한다. 소리를 따라 환자로 적다보니 마한을 모한으로도 쓴 것이다. 깎아지른 바위가 사방 벽으로 둘러쌌는데 거룩하신 임

금께서 새 서울에 행차하셨사옵니다—이것은 삼한관경제가 성공적인 통치방식이란 뜻이다. 대단군이 통치하는 진한의 좌우로 부단군들이 통치하는 마한과 번한을 둔 것이다.

단군조선의 삼한 영역

참고로 소설 '유위자-개천기5'에 들어간 지도를 살펴보자. 이 지도를 보는 순간 대마도가 왜 '對馬島'인지 한눈에 알 수 있다. 만일 후삼한만 있었다면 대마도는 '대진도'가 됐을 것이다.

> 삼한 형세 저울대, 저울추, 저울판 같으니 저울판은 백아강이요
> 저울대는 소밀랑이요 저울추는 안덕향이라.
> 머리와 꼬리가 서로 균형을 이루니 그 덕에 힘입어 삼신정기 보호하옵니다.
> 나라를 홍성케 해 태평세월 보전하니 일흔 나라 조공해 복종했사옵니다.
> 길이 삼한관경제 보전해야 왕업이 홍하고 번성할 것이옵니다.
> 나라의 홍망을 말하지 말지니 천신님 섬기는데 정성을 다하겠사옵니다.

삼한의 역할은 바로 이 저울에서 이해할 수 있다. 먼저 부단군이 통치하는 마한은 무게를 잴 물건을 올려놓는 저울판에 비유될 수 있다. 크게 보면 변화가 있을 가능성도 없고 가장 믿을 수 있는 곳이다. 대단군께서 직접 통치하는 진한은 바로 저울 끈이다. 문제는 추인 번한이다. 추의 위치는 예민한 것이다. 번한은

변화할 수밖에 없고 실제로 항상 변하고 있는 곳이다. 번한의 역할이 명확할 때, 즉 저울추의 위치가 정확할 때 저울은 안정된다.

대단군이 직접 통치한 진한의 수도는 아사달이었다. '달'은 장소를 뜻하므로 아사달은 곧 아침 해가 뜨는 곳, 광명의 땅처럼 해석된다. 배달도 '밝달', '밝은 곳'이라는 것 아닌가. 여기서 '달'이 장소를 뜻한다는 것은 오늘날 '양달'이나 '응달' 같은 말로부터 쉽게 확인할 수 있다. 여기서 '응달'이 '음달'로부터 비롯됐다는 사실 또한 분명하다.

염표문과 어아가란 무엇인가

'환단고기'에는 서효사 못지않은 명문 2개가 있으니 염표문과 어아가다. 단군조선의 11대 도해 단군이 선포한 염표문에는 개천사상이 잘 정리돼 있다. 염표문은 마음, '念' 속의 뜻을 드러낸 '標'한 글이다. '환단고기'에 전하는 염표문은 총 65자로 흔히 인용되는 '재세이화'와 '홍익인간'이 포함돼 있다. 안경전의 '환단고기' 역주본에 따르면 아래와 같이 해석된다.

하늘은 아득하고 고요함으로 광대하니
하늘의 도는 두루 미치어 원만하고
그 하는 일은 쉼 없이 길러 만물을 하나되게 함이니라

땅은 하늘의 기운을 모아서 성대하니
땅의 도는 하늘의 도를 본받아 원만하고
그 하는 일은 쉼 없이 길러 만물을 하나되게 함이니라

사람은 지혜와 능력이 있어 위대하니
사람의 도는 천지의 도를 선택해 원만하고
그 하는 일은 서로 협력해 태일의 세계를 만드는 데 있느니라.

그러므로 삼신께서 참마음을 내려주셔서
사람의 성품은 삼신의 대광명에 통해 있으니
삼신의 가르침으로 세상을 다스리고 깨우쳐 인간을 널리 이롭게 하라.

어아가는 왕검 단군의 뒤를 이은 부루 단군이 만들었다. 어아가를 노래하며 하늘의 신명과 인간을 조화롭게 만들어 제후국들의 모범이 됐다고 한다. 어아가의 '어아어아' 부분은 '어와 둥둥……'처럼 여기저기 남아 있다. 일제강점기 때 독립군들도 어아가와 비슷한 구전가요를 군가로 대신 불렀다고 전한다. 안경전의 '환단고기' 역주본에 따르면 아래와 같이 해석된다.

天

以玄默爲大
其道也普圓
其事也眞一

천

이현묵위대
기도야보원
기사야진일

地

以蓄藏爲大
其道也效圓
其事也勤一

지

이축장위대
기도야효원
기사야근일

人
以知能爲大
其道也擇圓
其事也協一

인
이지능위대
기도야택원
기사야협일

故
一神降衷
性通光明
在世理化
弘益人間

고
일신강충
성통광명
재세이화
홍익인간

전서체로 정리된 엄표문

於阿於阿
我等大祖神
大恩德
倍達國我等
皆百百千千年勿忘

於阿於阿
善心大弓成
惡心矢的成
我等百百千千人
皆大弓絃同
善心直矢一心同

於阿於阿
我等百百千千人
皆大弓一
義多矢的貫破
沸湯同善心中
一塊雪惡心

於阿於阿
我等百百千千人
皆大弓堅勁同心
倍達國光榮
百百千千年大恩德
我等大祖神
我等大祖神

전서체로 정리된 어아가

어아어아	어아 어아!
아등대조신	우리 대조신의
대은덕	크나큰 은덕을
배달국아등	배달의 아들딸 모두
개백백천천년물망	백 년 천 년 영원히 잊지 못하리.
어아어아	어아 어아!
선심대궁성	선한 마음 큰 활 되고
악심시적성	악한 마음 과녁을 이루었네!
아등백백천천인	백백 천천 우리 모두
개대궁현동	큰 활줄 같이 하나 되고,
선심직시일심동	착한 마음은 곧은 화살처럼 한 마음이 되리라.
어아어아	어아 어아!
아등백백천천인	백백 천천 우리 모두
개대궁일	큰 활처럼 하나 되어
중다시적관파	수많은 악의 과녁 꿰뚫어 버리리라.
비탕동선심중	끓어오르는 물 같은 착한 마음속에
일괴설악심	한 덩이 눈 같은 것이 악한 마음이라.

어아어아	어아 어아!
아등백백천천인	백백 천천 우리 모두 큰 활처럼 굳세게
개대궁견경동심	한마음 되니,
배달국광영	배달나라의 영광이라네.
백백천천년대은덕	백 년 천 년 그 오랜 세월 큰 은덕이여!
아등대조신	우리 대조신이시네.
아등대조신	우리 대조신이시네.

천부경이란 무엇인가

태초 이자나기라는 신이 창으로 바다를 휘저으니 일본 열도가 만들어졌다. 이후 이자나기의 왼쪽 눈에서 해의 여신 아마테라스 오미카미, 즉 '천조대신'이 태어났다. 이어서 오른쪽 눈에서는 달의 여신이 태어나고……. 이것이 일본의 우주관이다.

태초 혼돈의 하늘과 땅 사이에 반고라는 거인이 태어났다. 반고가 죽자 왼쪽 눈은 해가 되고 오른쪽 눈은 달이 됐다. 피는 강이 돼 흐르고 살은 논과 밭이 됐으며……. 이것이 중국의 우주관이다. 해와 달이 만들어지는 과정이 일본의 그것과 비슷하다. 반고는 '환단고기' 덕분에 실재 인물이었음이 밝혀진 것이다.

실제로 미국에서 한국인, 일본인, 중국인 교포들이 모여 대화를 나눴다. 일본인과 중국인이 각각 자기 나라의 우주관을 자랑스럽게 얘기했다. 자기 차례가 되자 한국인은 당황했다.

"우, 우리나라에 우주관은 없습니다. 우리 역사의 시작은 환웅이 곰과 호랑이에게 마늘과 쑥을 먹여……."

한국인의 답변을 듣고 중국 사람이 물었다.

"그럼 한국인은 곰의 자손이네요."

"그, 그런 셈이지요."

참 기가 막힐 노릇이다. 일제강점기 식민사학에 의해 단군조선의 역사는 신화로 둔갑하고 우리는 곰의 자손이 된 것이다. 우리나라 사람들은 대부분 그렇게 교육받았다. 그게 사실이라면 오늘날 신붓감을 왜 외국에서 데려오는가. 곰 암컷을 사서 쑥과 마늘을 열심히 먹이면 될 것을…….

일본인이 한국인에게 계속 물었다.

"그럼 태초에 해와 달은 누가 창조했습니까?"

"우리는 그런 거 없는데. 아, 맞다! 해와 달이 된 오누이 얘기가 있구나. 옛날 호랑이가……. 떡 하나 주면 안 잡아먹지……."

우리는 우주관이 없는가? 물론 아니다! 하늘의 자손, 천손인 우리 민족에게 우주관이 없을 리가 있는가. 우리 민족은 신화가 아니라 글로 적은 형이상학적 우주관들을 가지고 있었다. 가장 대표적인 것이 태곳적부터 전해져 내려온 '천부경'이고 '삼일신고', '참전계경', '부도지' 등도 우주관으로 볼 수 있다. 특히 천부경은 다른 민족들의 신화적 고대 우주관과는 격이 다르다.

천부경은 환국시대부터 구전돼 내려오다가 '환단고기'에 따르면 배달 첫 환웅 때 신지 혁덕이 녹도문자로 기록했다. 신지 혁덕이 어느 날 사냥을 나갔다가 사슴 한 마리를 놓쳤는데 추적 끝에 모래밭에 이르러 발자국을 발견했다. 고개를 숙이고 깊은 사색에 잠긴 끝에 '그래, 이런 식으로 글자를 만들면 되겠다' 깨달아 만든 글자가 바로 녹도문자였다. 그래서 녹도는 한자로 '鹿圖' 같이 적는다.

천부경은 신라시대 실재 인물 최치원에 의해 정리됐기 때문에 존재를 의심할 여지가 없다. 한자 81자로 구성된 이 경전은 31자가 숫자인데도 불구하고 난해하기 짝이 없다. 수없이 많은 해석이 있지만 제각각이다. 고려시대 민안부의 문집 '농은유집'에서 갑골문자 81자로 그려진 천부경이 발견됐다고 2002년 언론에 공개돼 주목을 받기도 했다. 이것은 현재 진위논쟁에 휩싸여 있다.

오른쪽의 갑골문자 81자를 한자의 전서체로 바꾸고 안경전의 '환단고기' 역주본의 해석을 그대로 옮기면 아래와 같다.

천부경

일시무시일석삼극무
진본천일일지일이인
일삼일적십거무궤화

天符經

민안부 '농은유집'의 천부경

天符經

一始無始一析三極無
盡本天一一地一二人
一三一積十鉅無匱化
三天二三地二三人二
三大三合六生七八九
運三四成環五七一妙
衍萬往萬來用變不動
本本心本太陽昂明人
中天地一一終無終一

전서체로 정리된 천부경

삼천이삼지이삼인이
삼대삼합육생칠팔구
운삼사성환오칠일묘
연만왕만래용변부동
본본심본태양앙명인
중천지일일종무종일

하나는 천지만물이 비롯된 근본이지만,
무에서 비롯한 하나이네.
이 하나가 나뉘어 하늘과 땅과 사람으로 작용해도
그 근본은 다함이 없네.

하늘은 창조 운동의 뿌리로서 첫째가 되고,
땅의 생명의 생성 운동의 근원되어 둘째가 되고,
사람의 천지의 꿈과 이상을 실현하여 셋째가 되네.
하나가 생장 운동을 하여 열까지 열리지만
다함없는 조화로써 3수의 도 이룬다네.

하늘도 음양 운동 3수로 돌아가고,
땅도 음양 운동 3수로 순환하고,
사람도 음양 운동 3수로 살아감에

천·지·인 큰 3수 마주 합해 6수 되니
생장성 7·8·9를 생한다네.

천지 만물은 3수와 4수의 변화 마디로 운행하고
5수와 7수 변화 원리로 순환 운동 이룬다네.
하나는 오묘하게 순환 운동 반복하여
조화 작용 무궁이나 그 근본은 변함없네.
근본은 마음이니 태양에 근본 두어
마음의 대광명 한없이 밝고 밝네.

인간은 천지 중심 존귀한 태일이라.
하나는 천지 만물 끝을 맺는 근본이나
무로 돌아가 마무리된 하나이네.

이처럼 천부경은 난해하기 짝이 없다. 분명한 것은 3수로 돌아가는 우리 영성문화와 우주관을 공부해야 천부경의 해석이 가능하다는 사실이다. 우리 우주관에서 하느님은 삼신이라고도 부른다. 이는 세 분의 하느님이 존재한다는 뜻이 아니라 만물을 낳는 '조화신', 만물을 기르고 깨우치는 '교화신', 만물의 질서를 잡는 '치화신', 이렇게 셋으로 나타난다는 뜻이다. 즉 하느님은 3수의 원리로 현실세계에 나타난다.

하늘에는 삼신이 있고 땅에는 삼한이 있어야 한다고 믿는 것이 단군조선 삼한관경제의 핵심이다. 천·지·인은 서로 닮았다. 따라서 사람의 내면에도 세 가지 참된 성령이 있어야 하는데 그것을 삼진이라고 한다. 즉 사람 속에 조화신이 들어와 성품이 되고, 교화신이 들어와 목숨이 되고, 치화신이 들어와 정기가 된다.

수행을 통해 삼신 하느님의 영성을 몸속에 간직하게 된 사람은 살아 있는 우주가 되는 것이다. 그런 사람을 천일·지일·인일의 으뜸, '太一'이라고 부르니 천손의 모범이다. 내면에서 태일을 이룬 사람의 얼굴은 하늘을 닮는 것이다. 천손은 자연스럽게 천지와 하나가 돼 영성적인 삶을 누리게 되는 것이다.

즉 우리 배달민족의 가장 높은 가치는 신교에 바탕을 둔 영성에 있다. 한마디로 얼을 소중히 여기는 민족이라는 말이다. 그래서 그런지 우리말에는 얼에서 비롯된 것이 많다. 얼이 익지 않은 '어린이', 얼이 익은 '어른', 얼이 드나드는 7개의 굴을 가진 '얼굴', 얼이 높으신 '어르신', 얼이 썩은 사람을 '어리석다' 같이 표현하는 것이다.

우리 상고사부터 제대로 알자

많은 사람들이 모화사상에 물들어 요순시대의 중국을 '유토피아'로 오해하고 있다. 당나라 요왕은 이복형을 비롯해 수많은 정적들을 죽이고 권좌에 올랐다. 그래서 그 피가 흘러 9년 홍수가 일어났다는 말을 들었을 정도다. 그는 아들 단주를 세자에 책봉하지 않고 순왕에게 권좌를 물려준다. 그리고 살아남기 위해 순왕에게 두 딸, 즉 단주의 두 여동생 아황과 여영을 왕비로 바친다. 하지만 우나라 순왕 역시 묘족과의 전쟁에서 참패해 죽고 아황과 여영은 피눈물을 흘리며 통곡하다가 끝내 소상강에 투신했다. 한마디로 요순시대는 비극의 시대였던 것이다. 특히 세자가 되지 못한 단주는 천추의 한을 품고 죽는다. 이런 시대를 유토피아로 알고 있다니 얼마나 한심한가.

자결하기 직전의 아황과 여영 벽화

앞에서 언급한 바와 같이 '환단고기'는 삼황오제가 모두 배달민족이었다고 적고 있다. 즉 중국, 화하민족은 상고사가 아예 없다는 말이다. 산동성 태산입구에는 '紫氣東來', 즉 '황제의 기운은 동쪽에서 왔다'를 의미하는 글씨가 걸려 있다. 여기서 '紫'는 천문학에서 '紫微垣', 즉 하느님이 거주하는 자미원을 의미한다. 따라서 '자기동래'란 원래는 하느님, 인간세상 입장에서는 황제가 동쪽에서 왔다는 뜻이다. 그래서 중국은 이를 모방해 자금성을 한자로 '紫禁城' 같이 적는 것이다. '자기동래'는 서태후가 재건한 베이징의 이화원에서도 발견할 수 있다.

하지만 동북아는 역사전쟁에 점점 더 휘말리고 있다. 동북공정을 끝낸 중국은 하남성에 산을 깎아서 염황이제상, 즉 신농염제와 헌원황제의 거대한 석상을 세웠다. 이는 물론 중국의 역사를 세계에 과시하기 위해서다. 일본도 극우파를 중심으로 일제

중국 산동성 태산 입구의 '자기동래'

의 '대동아공영권' 부활을 외치고 있다. 조작된 임나일본 역사를 앵무새처럼 되풀이하고 있다. 도대체 우리는 무엇을 하고 있는가. '단군세기'를 지은 이암의 말 '나라는 형체와 같고 역사는 혼과 같다', 즉 '국유형사유혼, 國猶形史猶魂'을 명심해야 할 때다.

우리 역사를 공부하고 개천을 이해하려면 상고사를 잘 알아야 한다. 아래에 삼성조시대 역사에 대한 단답형 문제 25개를 준비했다. 앞에서 설명하지 않은 질문도 몇 개 포함돼 있다. 이 책을 읽지 않았다면 과연 몇 문제나 맞출 수 있었는지 독자는 스스로 확인해보기 바란다. 만일 다섯 문제도 맞추지 못했을 것 같으면 당장 내 소설 '개천기' 시리즈부터 읽기를 권한다.

중국 하남성의 염황이제상

우리나라 삼성조시대 역사 퀴즈

1. 환국의 첫 번째 환인은?
2. 배달의 첫 번째 환웅은?
3. 한자 81자로 정리된 우리 우주론 경전은?
4. 태호복희의 여동생은?
5. 치우천자가 점령했던 유망의 도읍지는?
6. 치우천자가 탁록에서 헌원황제와 싸울 때 죽은 배달의 장군은?
7. 치우천자가 신시로부터 천도한 곳은?
8. 치우천자의 스승으로 알려진 선인은?

9. 왕검 단군이 직접 통치한 삼한은?

10. 조선 삼한의 하나였던 마한의 도읍지는?

11. 조선 삼한의 하나였던 번한의 왕은?

12. 요왕이 통치한 나라는?

13. 세자가 되지 못해 천추의 한을 품은 요왕의 아들은?

14. 순왕에게 홍범구주를 전해준 조선의 태자는?

15. 순왕을 창오 벌판에서 죽인 민족은?

16. 두 왕비가 소상강에서 자결한 비운의 왕은?

17. 어아가를 만든 단군은?

18. 동양 효도의 모범이 된 조선의 형제는?

19. 가림토 문자를 만든 사람은?

20. 도해 단군 때 65자로 정리된 '마음을 드러낸 글'은?

21. 조선 최고의 선인으로 꼽히는 사람은?

22. 하나라를 도탄에 빠트린 주지육림의 주인공은?

23. 하나라를 멸하고 상나라를 세운 왕은?

24. 상나라를 멸하고 주나라를 세운 왕은?

25. 상나라를 멸하고 주나라를 세우는 데 기여한 책사는?

정답 1. 안파견 2. 거발환 3. 천부경 4. 여와 5. 공상 6. 치우비 7. 청구 8. 자부 9. 진한 10. 백아강(진한-아사달 번한-안덕향) 11. 치두남(마한-웅백다) 12. 당나라(순왕-우나라) 13. 단주 14. 부루 15. 묘족 16. 순왕 17. 부루 18. 대련과 소련 19. 을보륵 20. 염표문 21. 유위자 22. 걸왕 23. 탕왕 24. 무왕 25. 강태공

안경전의 '환단고기' 역주본 연표는 우리나라의 상고사를 일목요연하게 보여준다. 연표를 보면 3대 가륵 단군 때 삭정이 약수 땅에 가서 흉노의 시조가 됐고 4대 오사구 단군 때 오사달이 몽고리한이 돼 몽골의 시조가 됐음을 알 수 있다. 일본의 초대 진무왕도 단군조선에서 건너간 배반명이라는 사람이었다는 사실 역시 확인할 수 있다.

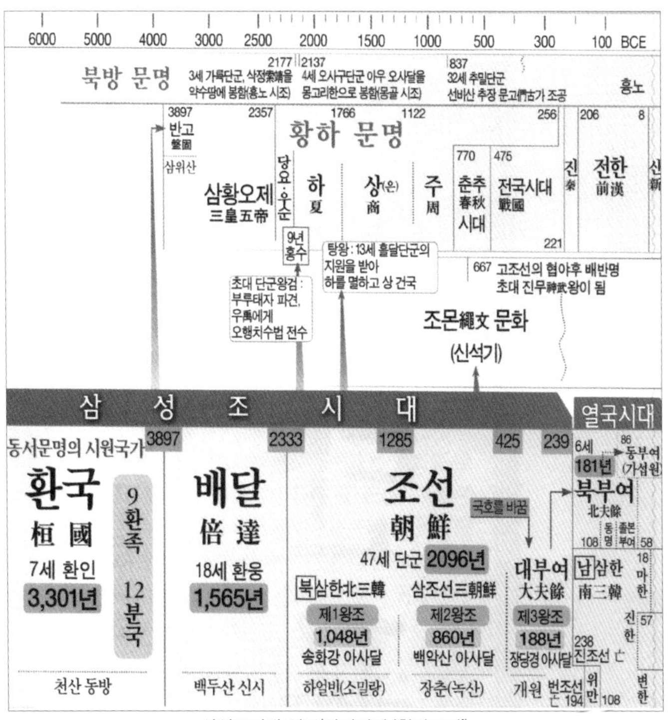

삼성조시대 연표(안경전의 '환단고기')

우리 역사를 바로잡아야 한다

해방 후 무려 70년이 넘는 동안 식민사학을 배운 대한민국 국민들은 '환단고기'의 삼성조시대 역사를 외면하고 있다. 아직도 단군조선을 신화의 나라라고 믿는 국민들이 부지기수다. 상고사뿐인가. 근세에 이르기까지 대한민국의 모든 역사가 식민사학으로 철저하게 오염돼 있다. 단군조선은 위만이 식민통치했다, 한반도 남쪽은 임나일본이 식민통치했다, 낙랑군은 북한 평양에 있었다……. 그 내용은 이루 다 열거하기 힘들 지경이어서 책 한두 권으로는 기술하기가 힘들 정도다. 관심 있는 독자는 식민사학이 왜곡한 우리 역사의 내용들을 얼마든지 쉽게 찾아낼 수 있을 것이다. 하지만 '개천'과 '개천혁명'을 주제로 다루는 이 책에서는 초점이 흐려지지 않도록 일단 삼성조시대의 역사만 소개하겠다.

눈이 한 개 달린 원숭이들이 사는 숲에서는 눈이 두 개 달린 원숭이가 바보가 된다고 했다. 우리 현실이 딱 그런 꼴이다. 올바른 '환단고기'의 역사를 공부하고 얘기하는 '개천파'들을 '국뽕'이나 '환빠'라는 저급한 말들로 조롱하는 사람들이 아직도 부지기수다. 식민사학에 선동된 이들은 '환단고기'를 단 한 줄도 읽어보지 않았을 것이다. 공부하지 않는 사람들이 공부하는 사람들을 흉보는 경거망동을 범하고 있는 것이다. 하지만 최근 들어 다행히 우리 역사를 바로잡아야 한다는 생각을 가진 국민들이 부쩍 늘어나고 있다. 하늘은 대한민국을 버리지 않은 것이다.

삼성조시대 이후에도 우리 천손의 후예들은 하늘을 숭앙하며 꾸준히 하늘을 관측해왔다. 오성결집 기록들을 몇 개 소개해 이를 증명하겠다. 고구려의 오성결집 기록은 김부식의 '삼국사'에 있다. 고구려 차대왕 4년, 서기 149년의 오성결집 기록은 아래와 같다.

'……四年夏四月丁卯晦日有食之五月五星聚於東方日者畏王之怒誣告曰是君之德也國之福也王喜冬十二月無氷……'

'……4년 여름 4월, 그믐 정묘일에 일식이 있었다. 5월, 오성이 동쪽에 모였다. 일자가 임금이 성낼까 두려워하여 거짓으로 말하였다. "이것은 임금의 덕이며, 나라의 복입니다." 임금이 기뻐하였다. 겨울 12월, 얼음이 얼지 않았다…….'

천문 소프트웨어를 돌려봤더니 정작 149년에는 오성결집이 일어나지 않았고 151년 8월에 게자리, 153년 10월에 처녀자리에서 각각 일어났다. 동양 별자리에서는 게자리를 '귀', 처녀자리를 '각'이라고 하므로 각각 '오성취귀', '오성취각'이 되겠다. 그러나 오성취각은 무려 4년이나 차이가 나므로 고구려 차대왕 시대 오성결집 기록은 오성취귀였던 것으로 추정된다.

오성취귀는 151년 7월 31일부터 8월 15일 사이에 관측이 가능

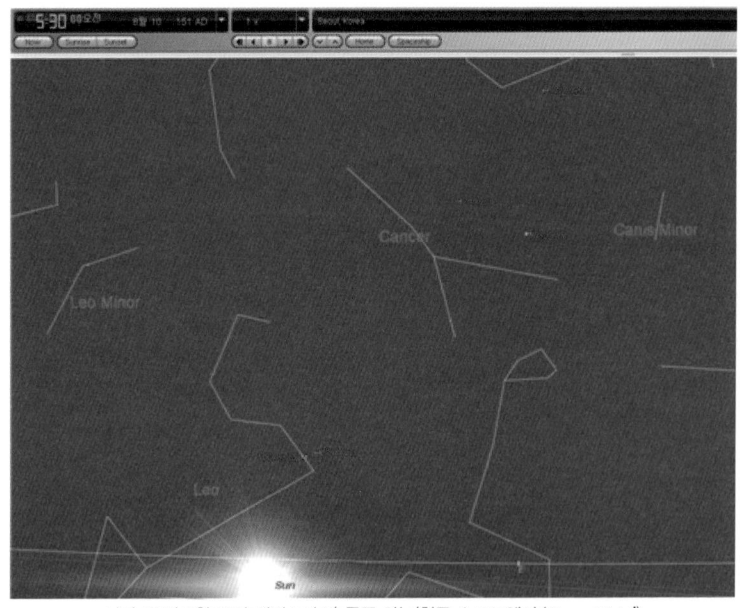

서기 151년 8월 10일 새벽 5시 반 동쪽 하늘(천문 소프트웨어 'Starry Night')

왼쪽부터 수성 · 토성 · 화성 · 금성 · 목성을 그린 상상도

했다. 그 이전에는 토성이, 그 이후에는 수성이 해에 너무 접근해 보이지 않게 돼 8월 10일이 가장 보기 좋았다. 달은 7월 31일 이전과 8월 25일 이후에 오성에 접근했으므로 오성취귀에는 끼어들 수 없었다.

고려의 오성결집 기록은 '고려사'에 있다. 이 책은 조선시대 김종서와 정인지가 편찬한 역사책이다. 정확히 '오성'을 언급한 기록은 찾지 못했지만 오성결집에 관련된 것으로 보이는 기록들이 발견됐다. 즉 서기 1108년, 1226년, 1327년 기록들인데 모두 오성결집이 1년의 오차도 없이 정확히 일어난 것으로 확인됐다. 현대에 가까이 접근할수록 오차가 사라지는 것이다.

앞서 라대일—박창범 논문에서는 BC 2000년부터 BC 1450년까지 오성결집을 조사했다. 한국아마추어천문학회 황보승 회원과 나는 앞서 소개한 오성개합을 논문으로 정리하면서 BC 205년부터 AD 1100년까지 1305년 동안 일어난 오성결집을 조사했다.

『천문류초』의 오성개합 기록 등 오성결집 현상 분석

박석재*, 황보승**

Ⅰ. 서론
Ⅱ. 오성개합 분석
Ⅲ. BC 205년 ~ AD 1100년 오성결집
Ⅳ. 결론

【 요약문 】 우리는 이 논문에서 『천문류초天文類抄』의 오성개합五星皆合 기록이 옛날 밤하늘에서 실제로 일어난 현상이었음을 증명한다. 오성개합은 유명한 『환단고기桓檀古記』 「단군세기檀君世紀」의 오성취루五星聚婁 기록보다 736년이나 앞서 일어난 오성결집 현상으로 그 시기가 삼황오제 시대에 해당된다. 또한 BC 205년 ~ AD 1100년 사이에 일어난 오성결집 현상들을 천문 소프트웨어로 검색해 그 결과를 게재한다. 이러한 오성결집 현상들은 우리 역사 연구에 많은 단초를 제공할 수 있을 것으로 기대된다.

세계환단학회지 4권 2호 게재논문

나는 왜 소설 '개천기' 시리즈를 쓰는가

나는 2005년부터 2011년까지 한국천문연구원장을 지내면서 국민에게 개천사상을 계몽하기 위해 소설 '개천기' 시리즈를 집필해야 한다는 사실을 깨달았다. 강의를 하고 다녀도 많아야 수백 명, TV 강의에 출연해도 외면당하는 과학 프로그램…… 아무리 노력을 한들 나라를 바꾸는 일이 불가능해 보였기 때문이었다. 옛날 SF를 몇 편 발표한 바 있어서 자신도 있었다.

하지만 6년 동안 바쁜 일정을 소화하느라고 시간적으로나 정신적으로 여유가 없어 그저 아이디어들을 메모만 해놓을 수밖에 없었다. 그나마 다행이었던 것은 한국천문연구원장을 지냈기 때문에 더 좋은 관련정보들을 효과적으로 수집할 수 있었다는 점이다. 드디어 2011년 5월에 한국천문연구원장에서 물러나면서 개인적 여유를 되찾게 됐다.

그리하여 2011년 음력 개천절에 즈음해 '개천기' 초판을 세상에 내놓을 수 있었다. 내 소설 '개천기'도 증산도 안경전 종도사의 '환단고기' 역주본처럼 계연수 열사의 '환단고기' 발행 100주년이 되던 해인 2011년에 나온 것이다! '개천기' 시리즈를 쓰는 일은 하늘이 나에게 내린 과업이라고 믿는 이유 중 하나다.

이후 집필과정에서 나머지 배달 3부작의 주인공들은 당연히 태호복희와 치우천자가 될 수밖에 없었다. 나는 우선 '태호복희 - 개천기2'와 '치우천자 - 개천기3'을 세상에 내놓아 드디어 배달 3부작을 완성했다. 대학시절 처음 나와 내 혼을 쏙 빼앗아간 영화 '스타워즈' 시리즈 첫 작품 제목도 그냥 'Star Wars'였다. 그 다음부터 'Empire Strikes Back-Star Wars 2', 'Return of the Jedi-Star Wars 3' 등으로 이어진 것과 같다. 이 시리즈는 나중에 스토리가 과거로 돌아가면서 번호가 바뀌게 되는데 어쨌든 나는 이와 비슷하게 소설 '개천기' 시리즈 제목을 붙였다.

'개천기' 배달 3부작

이후 '왕검단군-개천기4', '유위자-개천기5', '강태공-개천기6'가 계속 출판돼 조선 3부작도 완성됐다. '개천기'라는 훌륭한 제목의 소설을 쓰게 돼서 개인적으로도 크나큰 영광이다. 어떻게 개천절이 있는 나라에 '개천기'나 '개천지'라는 소설이 없을까. 제목으로 '개천지'도 고려했지만 '온통 개 천지다' 같은 느낌을 줘서 그냥 '개천기'로 결정했다.

'개천기' 조선 3부작

나는 코난 도일의 셜록 홈즈 팬이어서 와트슨이 등장하는 1인칭 형식의 소설을 매우 좋아한다. '개천기' 시리즈 각권 제목이 홈즈다. 단 1편만 홈즈가 없는데 이는 시리즈의 첫 소설이기 때문이다. 와트슨은 그 시대의 천문대장이다. 그래서 천문학의 발전과정도 일목요연하게 보여줄 수 있다.

각권을 4장으로 구성하고 28수에 따라 각장에 7개의 스토리를 배치하는 일관성도 유지하고 있다. 표에 '개천기' 시리즈 등장인물들을 정리했다. 검은색은 실재인물, 빨강색은 가공인물이다.

권	'홈즈'	'와트슨'	주요 실재 인물	주요 가공인물
1		해달	지위리, 거발환, 거불리	진예, 치우, 근유, 무라발, 달별
2	태호복희	발귀리	태우의, 다의발, 여와	치우달이
3	치우천자	일월	자부, 치우비, 사와라, 신농, 헌원, 유망, 소호	유묘신성, 고시영천
4	왕검단군	신지	창기소, 웅백다, 치두남, 부루, 요왕, 순왕, 우왕	
5	유위자	우량	이윤, 말량, 아한, 흘달, 걸왕, 탕왕	유묘대호
6	강태공	산의생	굉요, 솔나, 비간, 기자, 주왕, 문왕, 무왕, 주공	

'개천기' 시리즈 등장인물

소설 '개천기' 시리즈는 안경전의 '환단고기' 역주본을 주로 참고하고 인용한 역사소설이다. 또한 주인공이 천문대장이기 때문에 아마추어 천문학에 필요한 지식들이 거의 다 망라된 과학소설이기도 하다. 우리 조상들이 알고 있던 천문학 지식들을 현대인의 시각으로 확인해보는 것도 또 하나의 재미가 아니겠는가. '개천기'에서는 '1년 = 12개월' 달력, 북극성의 고도, 수성의 발견, 월식, 천동설 우주관, 윷놀이 등을, '태호복희 - 개천기2'에서는 해와 달과 별의 운행, 8괘와 태극기, 음력과 윤달, 양력과 24절기, 동양의 별자리 28수, 별똥, 행성의 역행 등을, '치우천자 - 개천기3'에서는 천구의 적도, 별자리 판의 원리, 행성의 주전원, 천동설 우주관 등을 설명했다.

소설 '개천기' 시리즈는 무엇 하나 제대로 고증될 수 있는 시대가 아니다. 그 당시 가옥·의상·음식…… 어느 것 하나 소상히 알려져 있지 않기 때문에 나는 그런 부분을 구체적으로 기술하지 않았다. 아니, 기술할 수 없었다. 독자는 마음껏 상상의 나래를 펼쳐 나름대로 영상을 만들어가기 바란다.

그리고 모든 어휘들을 그 시대에 어울리게 만들지 않았다. 어휘를 계속 새로 만들어 나아가면 아마 독자들도 혼돈돼 읽지 못할 것이다. 그래서 '환단고기'에 나오지 않는 어휘들은 그냥 요샛말로 기술했으니, 예를 들어, 천문대는 그냥 천문대, 백두산은 그냥 백두산이라고 했다. 내가 만든 어휘는 '천문대장'을 풍백과 비슷하게 '천백'이라고 부르는 것, 자기 스스로를 낮춰 부르는 '빈학'이라는 호칭, '범악국'이라는 나라 이름, 일부 주인공들의 이름 등이 전부이다. 아무쪼록 독자들은 그 당시 용어들이 이 소설에서 현대식으로 번역이 됐다고 생각하고 읽어주기 바란다. 독자들이 타임머신을 타고 그 시대로 가서 주인공들 사이에 빠져 들어간 것처럼 느낄 수만 있다면 나는 대만족이다.

한 가지 걸리는 것은 배달 3부작은 물론 '왕검단군-개천기4'까지 갑골문자를 임의로 만들어 넣은 일이다. 모든 갑골문자를 알 수 없어 선택의 여지가 없었음을 독자는 이해하기 바란다. '농은

유집' 천부경을 모사해 그림과 같은 천부경을 '개천기' 시리즈에 이용했다. 이 문제는 '유위자-개천기5'부터 전서체의 한자를 활용하면서 저절로 해결된다.

'개천기'의 주인공 해달은 천부경을 갑골문자 81자로 정리하는 등 많은 업적을 남긴다. 특히 배달이 지손의 침략을 받자 책사로서 전쟁에 참가해 천문을 이용한 지략으로 적을 통쾌하게 격멸시킨다. 천손의 후예 가슴을 시원하게 뚫어줄 것이다.

'태호복희 - 개천기2'에서 태호복희는 어떻게 8괘를 만들었는가, 어떻게 여동생 여와와 혼인을 했는가, 어떻게 화서라는 서토

소설 '개천기' 시리즈에 모두 등장하는 갑골문자체 천부경

의 여인을 어머니로 두었는가…… 등을 모두 해명하려 노력했다. 특히 복희 남매가 조국인 배달을 등지고 서토로 갈 수밖에 없는 이유를 밝혀 우리의 아쉬움을 달래고자 했다. 복희의 생존기간은 중국 '죽서기년'에 BC 3528~3413으로 나오는데 이는 '환단고기' 내용과 상충한다. 왜냐하면 태우의 천황의 생존기간이 BC 3534~3419이어서 아버지가 6살 때 복희가 태어날 수는 없기 때문이다. 또한 복희는 생존기간이 BC 3431~3321인 다의발 천황의 동생이다. 따라서 나는 이 소설에서 태호복희가 다의발 천황보다 5년 뒤, 즉 BC 3426년에 태어난 것으로 가정했다.

무엇보다도, 태호복희가 바둑도 만든 것으로 가정했다. 하도를 바둑판에 설명하기 위해 그렇게 한 것이다. 사실 바둑의 역사는 어디까지 거슬러 올라가야 할지 모른다. 바둑의 가장 큰 장점은 규칙이 지극히 간단하다는 점이다. 최소한의 규칙들은 이 소설에서 거의 다 다뤄졌다고 해도 과언이 아니다. 그렇지만 깊이는 끝이 없는 것이 바둑의 매력이다. 규칙이 간단하기 때문에 태호복희 정도면 능히 바둑을 만들 수도 있었다고 생각한다.

대한민국 국민이라면 우리의 조상 태호복희를 반드시 알아야 한다. 태극기의 내력을 모르는 것은 물론이고 심지어 중국 것으로 오해하고 있는 사람들이 더 이상 없어야 하겠다. 그리고 남북통일이 되면 태극기를 태호복희가 만든 8괘 3태극으로 바꿔야 할 것이다.

'치우천자 - 개천기3'에서 예를 들어 치우가 유망을 멸한 일, 치우와 헌원이 탁록에서 결전한 일, 치우가 신시에서 청구로 천도한 일 등이 반드시 포함되도록 했다. 나는 '치우천자 - 개천기3'을 쓰면서 계연수 열사의 명언 '손발이 저절로 춤을 추며 흥겨워 외치고 싶고 기뻐서 미칠 듯하다'가 무슨 의미였는지 백분의 일은 깨달았다. 광활한 대륙을 무대로 우리 배달민족이 펼쳐간 역사를 상상하고 기술하는 동안 정말 행복했다. 내가 느꼈던 행복을 독자들과 같이 나누고 싶은 마음 간절하다.

소설 '개천기' 시리즈는 독자들의 성원이 있는 한 앞으로도 계속 나올 것이다. 영화 'Star Wars' 식으로 표현하면 'The Saga Continues!'가 되겠다. 지면을 통해서나마 '개천기' 시리즈를 꾸준히 출판해 주고 있는 동아엠앤비의 이경민 대표에게 깊은 감사를 드린다.

제2부

우리 사상을 공부하고 천손을 인지한다

우리 영성문화는 우주관과 깊은 관계가 있다. 우리 우주관을 이해하면 민족종교와 동학을 이해하기 쉽다. 태극기의 원리 또한 우주관에 뿌리를 두고 있음을 깨닫게 된다. 우리 우주에서 해에는 삼족오, 달에는 두꺼비가 살고 북두칠성은 신앙의 대상이 됐다. 천부경 같은 우주관은 현대 우주론과 비교해도 사유적인 면에서 결코 뒤지지 않는다. 하늘의 나라 대한민국의 국군은 하늘의 군대이고 대통령도 하늘이 내린다. 대한민국 국민은 우리 사상을 제대로 공부해 우리가 선민사상을 가진 천손이라는 사실을 인지해야 한다.

우주란 무엇인가

우주는 영어로 space, universe, cosmos 등으로 표현된다. 하지만 이 세 단어는 우리말로 똑같이 '우주'라고 번역돼 자주 혼동을 일으키고 있다. 우주는 우주지만 같은 우주가 아닌 것이다.

스페이스는 인간이 갈 수 있는 공간을 말한다. 따라서 우주 로켓, 우주 특파원, 우주 전쟁은 각각 space rocket, space reporter, space war 같이 번역돼야 한다. 유니버스는 별과 은하로 채워진 거대한 우주다. 즉 어떤 책의 제목이 '유니버스'라면 그 책은 천문학 교과서일 확률이 높다. 별, 은하, 우주를 번역하라고 하면 stars, galaxies, and the universe 같이 된다. 코스모스는 '유니버스+알파'다. 여기서 '알파'는 인간의 주관적 요구사항이라 할 수 있다. 예를 들어, 바둑 두는 사람들이 바둑판은 하나의 우주라고 말할 때 그것은 코스모스인 것이다. 종교에서 말하는 우주 역시 코스모스가 된다.

그런데 천문학의 우주론 분야는 cosmology라고 해서 헛갈린다. '코스몰로지'는 과학인 것이다. 천문학은 영어로 astronomy라고 하는데 여기서 'astro-'는 별을 뜻한다. 그래서 우주인, 점성술을 각각 astronaut, astrology라고 한다. 즉 '아스트롤로지'는 과학이 아닌 것이다. 우주과학은 영어로 'space science'다. 즉 자연대 우주과학과는 태양계 천문학을 주로 공부하는 곳이다. 우주 로켓을 만드는 곳으로 오해하고 지원하는 일이 없기 바란다. 이 경우 공대 항공우주공학과, 즉 'aeronautics space technology' 전공으로 가면 된다. 미국 NASA는 National Aeronautics and Space Administration의 약자다.

영어로는 천동설 우주를 'geocentric universe' 같이 적는다. 이는 지구, 즉 'geo'가 가운데, 즉 'centric'에 있다는 뜻이다. 지동설 우주는 영어로 'heliocentric universe' 같이 적는다. 이는 해, 즉 'helio'가 가운데, 즉 'centric'에 있다는 뜻이다. 언뜻 보면 지구를 의미하는 'geo'가 앞에 있으니 'geocentric universe'가 지동설 우주 같은데 그렇지 않다. 천동설과 지동설을 일컫는 다른 두 단어 geocentricism, heliocentricism 역시 마찬가지다.

사실 'geocentric universe'는 '地中說', 'heliocentric universe'는 '日中說' 같이 직역하면 혼돈이 없다. 그런데 우주를 항상 '天地'로 구분하던 동양에서는 '日地'는 어색했던 것이다. 그래서 '地中

說'은 지구가 중심에 있으니까 하늘이 움직인다는 뜻으로 '天動說', '日中說'은 해가 중심에 있으니까 지구가 움직인다는 뜻으로 '地動說' 같이 한 번 더 번역됐다.

옛날에는 누구나 지구가 우주의 중심에 있다고 믿었을 테니까 천동설 우주관은 동서양에서 똑같이 연구됐을 것이다. 즉 천동설 우주관이든 무엇이든 모두 서양에서 비롯됐다고 믿는 것은 설득력이 없다는 말이다. 실제로 동양에서도 황보덕 같은 선인에 의해 지동설 우주가 주장됐다는 기록도 심심치 않게 등장하고 있다. 나는 소설 '치우천자 - 개천기3'에서 천동설 우주를 등장시켰다.

태호복희의 코스모스는 음과 양, 두 가지 기운으로 만들어진다. 음양오행 우주론에서 삼라만상은 하늘과 땅, 해와 달, 남자와 여자, 밝음과 어둠…… 음양의 두 기운이 조화를 부려 일어난다. 남자 한복은 웃옷을 열어 하늘의 기운을 받고 바지 아래는 묶어 땅의 기운을 막는다. 여자 한복은 웃옷을 묶어 하늘의 기운을 막고 치마를 넓게 벌려 땅의 기운을 받는다. 과학적으로 옳고 그름을 떠나서 이런 문화를 가지고 있었던 우리 조상들이 자랑스러울 뿐이다.

천자문은 알다시피 '하늘 천 天, 땅 지 地, 검을 현 玄, 누를 황 黃, 집 우 宇, 집 주 宙, 넓을 홍 洪, 거칠 황 荒, 날 일 日, 달 월 月, 찰 영 盈, 기울 측 昃……' 같이 이어진다. 역시 천문학에서 시작

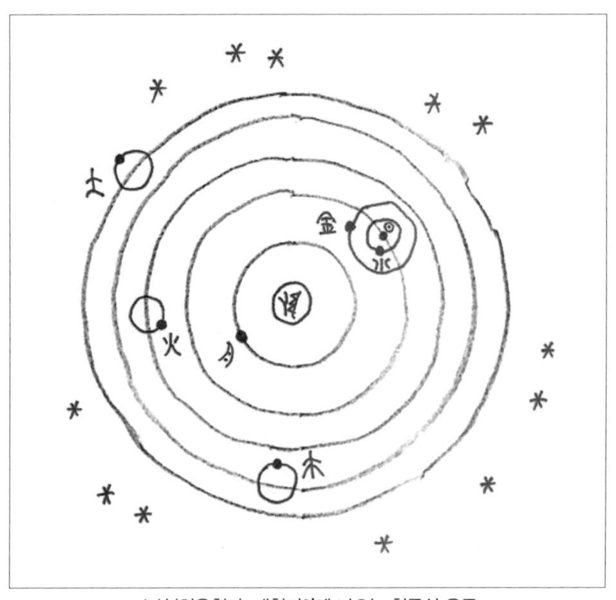

소설 '치우천자–개천기3'에 나오는 천동설 우주

하는 것이다. '天地玄黃'은 하늘이 검고 땅은 누렇다는 뜻이니 기가 막히게 과학적이다. 옛날에 우주공간이 검다는 것을 어떻게 알았을까. 두 글자 모두 집을 뜻하니 '宇宙'란 우리에게 집과 같은 존재다. '宇宙洪荒' 같이 표현한 부분도 신기하다. 우주는 정말 넓고 위험하지 않은가. 극저온 진공상태에 방사선이 난무하니 말이다. '日月盈昃'은 물론 해와 달이 차고 기운다는 뜻이다.

우리 조상들은 달을 '태음', 해를 '태양'이라고 불렀다. 음은 한자로 '陰', 양은 한자로 '陽' 같이 적기 때문에 달은 '太陰', 태양은

'太陽'이 된다. 오늘날 해는 태양이라고 하면서 달은 태음이라고 하지 않아 듣기에 어색하다. '해와 달'이 '태양과 달'보다 더 잘 어울리지 않는가? '해와 달이 된 오누이'라고 해야지 '태양과 달이 된 오누이'라고 해서는 안 된다.

해와 달의 겉보기 크기가 같은 덕에 음과 양도 동등한 자격을 갖추게 됐다. 우리 지구가 도는 해와 우리 지구를 도는 달이 지구에서 보면 크기가 같다는 사실이 정말 신기하지 않은가? 이는 해가 달보다 400배 큰 대신 400배 먼 거리에 있기 때문이다. 하늘의 조화요 신의 뜻이다. 지구에서 해가 달보다 2배쯤 더 크게 보인다고 상상해보라. 어떻게 해와 달이 동등한 자격을 갖출 수 있겠는가. 이처럼 해와 달은 인류의 생각을 지배해왔다. 만일 하늘에 해가 2개 떠있어도 엄청난 영향을 미쳤을 것이다. 해가 서쪽에서 떠서 동쪽으로 졌어도 세계사의 흐름은 바뀌었을 것이다.

행성의 이름은 음양오행의 원리에 바탕을 두고 한자 '水木火土金'의 한 글자씩을 배당받게 됐다. 화성만이 붉게 보여서 글자 '火'와 어울릴 뿐 나머지 행성들은 특별한 관측적 특성이 없다. 음양오행이란 천문학적으로는 태음의 '陰', 태양의 '陽', 오행성을 일컫는 '五行'의 결합으로 '陰陽五行'이 태어난 것이다.

오늘날 우리가 사용하는 요일 '일월화수목금토' 역시 해를 상징하는 '日'과 달을 상징하는 '月', 그리고 오행성의 이름 '火水木金土'로 구성됐다는 사실을 알게 된다. 오행성은 맨눈으로도 잘 보이기 때문에 동서양에서 독자적으로 연구돼왔다. 따라서 수성, 금성, 화성, 목성, 토성은 영어의 'Mercury', 'Venus', 'Mars', 'Jupiter', 'Saturn' 등과 아무런 상관이 없다. 영어 이름들은 모두 그리스 신화에 나오는 신들의 이름이다.

근세에 이르러 서양에 천체망원경이 등장하면서부터 동양천문학이 뒤처지기 시작한다. 천체망원경으로 토성 밖의 행성이 발견되고 'Uranus'라는 이름을 얻게 됐다. 이 이름 '우라노스' 역시 그리스 신화에 나오는 하늘 신의 이름이다. 그래서 동양으로 전래되면서 '天王星'으로 번역됐다. 이런 식으로 나중에 발견된 바다의 신 'Neptune'도 '海王星'으로, 지옥의 신 'Pluto'도 '冥王星'으로 번역된 것이다. 명왕성을 '明王星'으로 잘못 알고 있는 사람들이 의외로 많다. 명왕성은 이후 태양계의 행성 지위를 박탈당하게 된다.

행성들은 하늘 아무데나 있는 것이 아니다. 행성들은 언제나 같은 선 위에 있는데 천문학에서는 그 선을 하늘의 황도라고 한다. 황도는 적도와 함께 천문학에서 가장 중요한 선이다. 행성들이 황도 위에 배치되는 이유는 태양계가 한 평면으로 이루어졌기 때문이다. 동양에서는 성좌도에서 노란색으로 표시한 황도를 '黃道'로, 빨간색으로 표시한 적도를 '赤道'로 적는다. 영어로는 황도를 'ecliptic', 적도를 'equator'로 적는다.

행성들을 찾으려면 황도를 따라 찾아야 한다. 예를 들어 북두칠성은 황도에서 멀리 떨어져 있기 때문에 그 주위에서 아무리 행성을 찾아봐야 헛수고만 하게 된다. 황도는 하늘에서 대원을 그리므로 여러 별자리와 만나게 된다. 따라서 황도와 만나는 별자리들을 기억하면 행성을 연구하는 데 큰 도움이 된다. 서양에서는 태곳적부터 황도에 12개의 별자리가 그려졌다. 이 '황도12궁'은 영어로 'zodiac'이라 하는데 이것이 동양으로 전파돼 '수대', 한자로 '獸帶'가 됐다. 그 이유는 황도12궁의 대부분이 동물이기 때문이다.

마찬가지로 동양에서도 황도의 적도를 태곳적부터 알고 있었

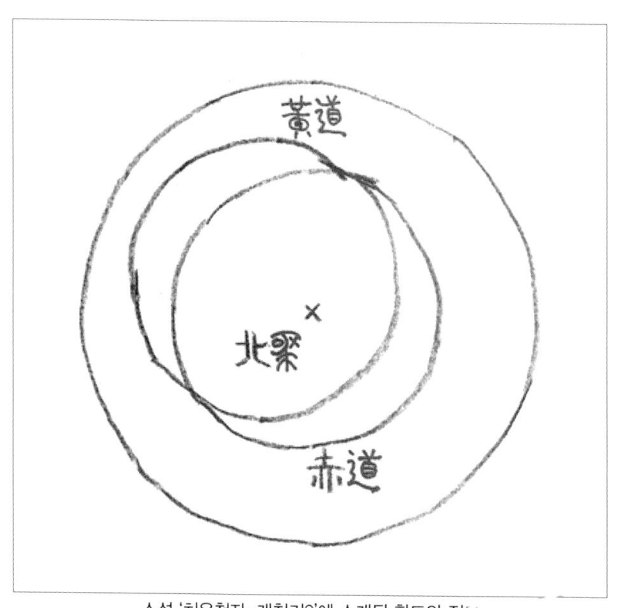

소설 '치우천자–개천기3'에 소개된 황도와 적도

을 것이다. 소설 '치우천자 - 개천기3'에서는 황도와 적도가 배치된 그림을 소개하고 있다. 이 패턴은 고구려의 천상열차분야지도와 근본적으로 같다. 우리 조상들이 무지했을 것이라고 믿으면 안 된다. 옛날에도 아인슈타인과 같은 사람들은 존재했기 때문이다. 특히 우주를 연구한 선인들이나 대선인들은 틀림없이 황도와 적도에 대해 알았을 것으로 나는 확신한다. 같은 이유로 소설 '왕검단군 - 개천기4'에서는 천구의도 소개하고 있다. 이미 오래 전에 사람들은 하늘의 모형을 만들었을지도 모른다는 생각에서다.

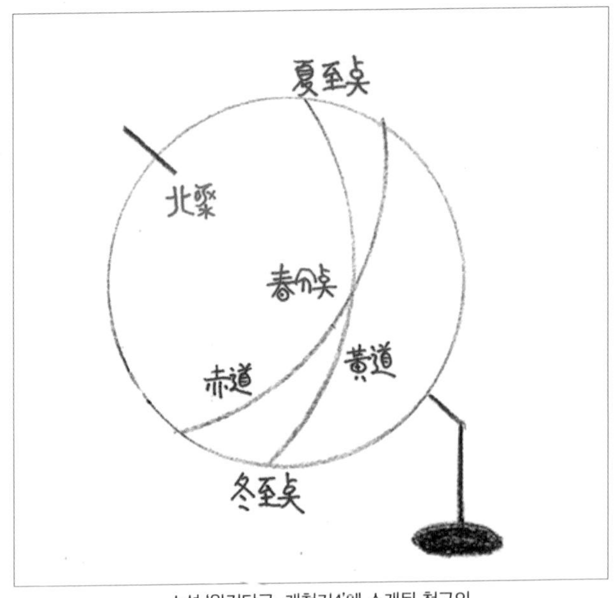

소설 '왕검단군–개천기4'에 소개된 천구의

동양과 서양의 우주관은 어떻게 다른가

서양의 아리스토텔레스는 자연철학자들의 고대 우주론을 집대성해 4가지 원소를 주장했다. 즉 물, 불, 공기, 흙이 어떤 비율로 배합돼 우주의 모든 물질을 만들어낸다고 주장했던 것이다. 흙은 물속에서 가라앉고 공기방울은 물속에서 떠오르므로, 공기 중에서 타오르는 불이 4원소 중에서 가장 가벼웠다. 따라서 밑에서부터 흙, 물, 공기, 불의 순서로 배열된다면 운동이란 있을 수가 없는 것이 아리스토텔레스의 우주다.

하지만 실제로는 그 배합이 마구 뒤섞여 있기 때문에 우주에서는 끊임없는 변화가 일어나게 된다. 예를 들어, 흙 성분이 강한 것으로 믿어지는 쇠는 공기 중에서 밑으로 떨어질 수밖에 없다. 따라서 아리스토텔레스의 운동론에서 무게란 지구의 중심을 향해 떨어지려는 척도와 같기 때문에 더 무거운 물체는 더 빨리 아래로 떨어져야 한다. 이 잘못된 개념은 근세에 이르러 갈릴레이가 피사의 사탑에서 무게가 다른 2개의 물체를 떨어트려 동시에 땅에 떨어진다는 사실을 증명할 때까지 의심받지 않고 전수됐다.

동양의 태호복희도 아리스토텔레스와 유사하게 물, 나무, 불, 흙, 쇠 등 5원소로 구성된 우주를 생각했다. 그런데 태호복희의 5원소는 서로 상생하고 상극하는 상호작용까지 한다. 단순히 자연을 구성하기만 하는 아리스토텔레스의 4원소에 비하면 훨씬 더 발전된 모습을 보여주고 있는 것이다. 하지만 우리나라 학교에서는 왜 아리스토텔레스 4원소만 가르치고 태호복희의 5원소는 안 가르치는지 이해하기 어렵다.

태호복희의 5원소는 '물 → 나무 → 불 → 흙 →쇠' 순서, 즉 한자로 '水 → 木 → 火 → 土 → 金' 순서로 순환하게 된다. 첫 번째 '水 → 木'는 '水生木', 즉 물이 나무를 살린다는 뜻이다. 마찬가지로 이하 '水生木', 즉 나무의 뿌리에 물이 있어야 자라고, '木生火', 즉 나무가 타야 불이 살며, '火生土', 즉 불에서 흙이 태어났다가, '土生金', 흙 속에 쇠가 있으며, '金生水', 쇠에서 물이 나오도록 상생한다. 상생, 즉 '相生' 순환은 '水生木 → 木生火 → 火生土 → 土生金 → 金生水' 순서로 이뤄지는 것이다. 5원소를 하나씩 건너뛰게 되면 상극이 된다. 즉 '相克' 순환은 '水克火 → 火克金 → 金克木 → 木克土 → 土克水' 순서로 이뤄진다.

경복궁 근정전 옥좌 뒤에는 일월오봉도 병풍이 있다. 한자로 쓰면 '日月五峰圖'이니 해와 달과 5개의 산봉우리라는 뜻이다. 즉 천문학적으로는 태양, 태음, 오행성을 망라한 음양오행 우주를 상징하고 있는 병풍이다. 천손의 통치자는 하늘이 내린다는 뜻이 아니고 무엇인가. 일월오봉도는 세종대왕이 등장하는 대한민국 만 원 지폐 앞면을 장식하고 있다.

근정전의 일월오봉도

만 원 지폐 앞면

음양오행의 원리는 한국 사람이라면 원하든 원하지 아니하든 영향을 벗어날 수 없다. 당장 태어나면 부여받는 이름부터 살펴보자. 나는 밀양 박씨 숙민공파 69대손이고 이름은 박석재, 한자로 '朴碩在'다. 끝의 '在'자가 돌림자이어서 친형의 이름은 박철재, 한자로 '朴哲在'다. 돌림자란 음양오행의 '水 → 木 → 火 → 土 → 金' 순서로 정해지는 글자를 말한다. 즉 내 이름 '在'자에는 '土'가 있기 때문에 선친의 이름에는 '火'자가 있어야 하고 자식의 이름에는 '金'이 있어야 한다. 실제로 선친의 이름 '朴炳愚' 가운데 글자 '炳'에 '火'가 들어가 있다. 나는 아들이 없지만 조카의 이름 '朴鍾河'의 가운데 글자 '鍾'에 '金'이 있다. 이처럼 이름조차 우주의 원리에 따라가고 있는 것이 우리 천손의 운명이다.

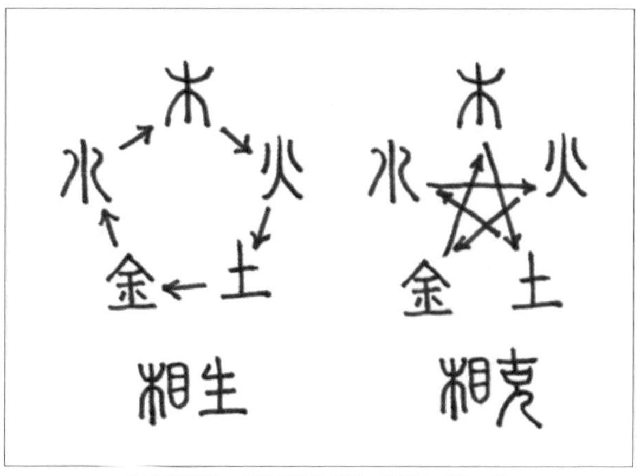

소설 '유위자-개천기5'에 나오는 상생과 상극 도표

지금까지 살펴본 바와 같이 태호복희의 5원소 우주관은 아리스토텔레스의 4원소 우주관보다 훨씬 더 정교하고 의미심장하다. 오늘날 우리나라 학교에서 아리스토텔레스의 4원소는 가르치면서도 태호복희의 5원소를 가르치지 않는 것은 정말 통탄할 일이다. 이는 서양 사대주의라고밖에 달리 해석이 되지 않는다.

이러한 근본적인 차이 때문에 아리스토텔레스의 4원소 우주관보다 훨씬 더 정교한 태호복희의 5원소 우주관은 동양의 모든 분야에 심대한 영향을 끼쳤다. 그 영향은 현대과학으로도 해석할 수 없는 영성문화 분야까지 이르렀다. 서양 것은 과학적이고 옳은 반면 동양 것은 비과학적이고 그른 것이라는 편견을 가진 사람들이 부지기수다. 모두 넋이 나간 사람들이다.

우리 것, 동양 것을 모두 무시해서는 안 된다. 예를 들어 동양에 장기가 있다면 서양에는 체스가 있다. 하지만 동양의 바둑에 해당되는 것이 서양에는 없는데 바로 이런 것들이 동양과 서양의 차이를 설명해준다. 젊은 사람들은 나이가 들면 결국 우리 예악을 좋아하게 되는 자신을 발견하게 될 것이다. 백인 코스프레 하는 삶이 얼마나 헛된 짓인지 깨닫게 된다는 말이다.

우리 우주관을 알아야 민족종교와 동학을 이해한다

태호복희는 '水 → 木 → 火 → 土 → 金' 오행의 원리를 하도라는 그림으로 정리했다. 하도는 한자로 '河圖'라고 적는데 글자 그대로 오행의 흐름을 정리한 그림이다. 하도는 흑백 점들로 표시되기 때문에 바둑판에 묘사할 수 있다. 전설에 따르면 하도는 용마의 등에 새겨진 무늬를 보고 만들어졌다고 한다. 동양에서는 홀수를 천수, 즉 '하늘의 숫자'로 짝수를 지수, 즉 '땅의 숫자'로 여겼다. 하도를 보면 천수는 흰 돌, 지수는 검은 돌로 표시돼 있음을 알 수 있다. 흰 돌들은 1 → 3 → 7 → 9 순서로 휘돌며 가운데에서 바깥쪽으로 나가는 형상을 이루고 있다. 마찬가지로 검은 돌들은 2 → 4 → 6 → 8 순서로 휘돌며 역시 가운데에서 바깥쪽으로 나가는 형상을 이루고 있다.

하도에서는 아래가 북쪽이고 위가 남쪽 방향이다. 즉 흰 돌 1

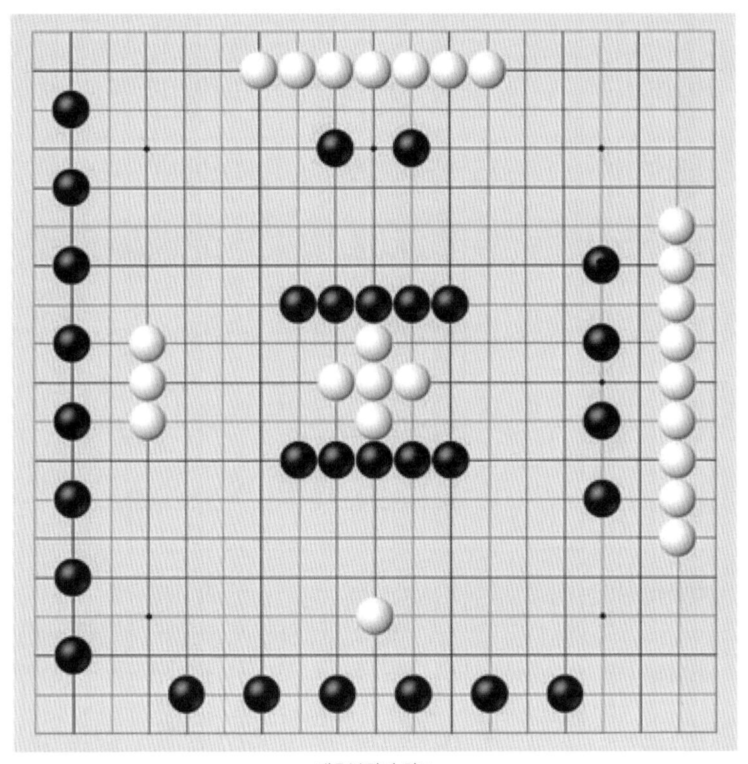

태호복희의 하도

개는 북쪽, 검은 돌 2개는 남쪽, 흰 돌 3개는 동쪽, 검은 돌 4개는 서쪽에 배치됐다. 가운데 5가 북쪽 1과 합해 6, 남쪽 2와 합해 7, 동쪽 3과 합해 8, 서쪽 4와 합해 9, 중앙은 5가 2번 더해져 10이 된다. 음양오행 우주관에서 1·6은 '水', 2·7은 '火', 3·8은 '木', 4·9는 '金', 5·10은 '土'에 해당된다. 따라서 태호복희 5원소는 하도에

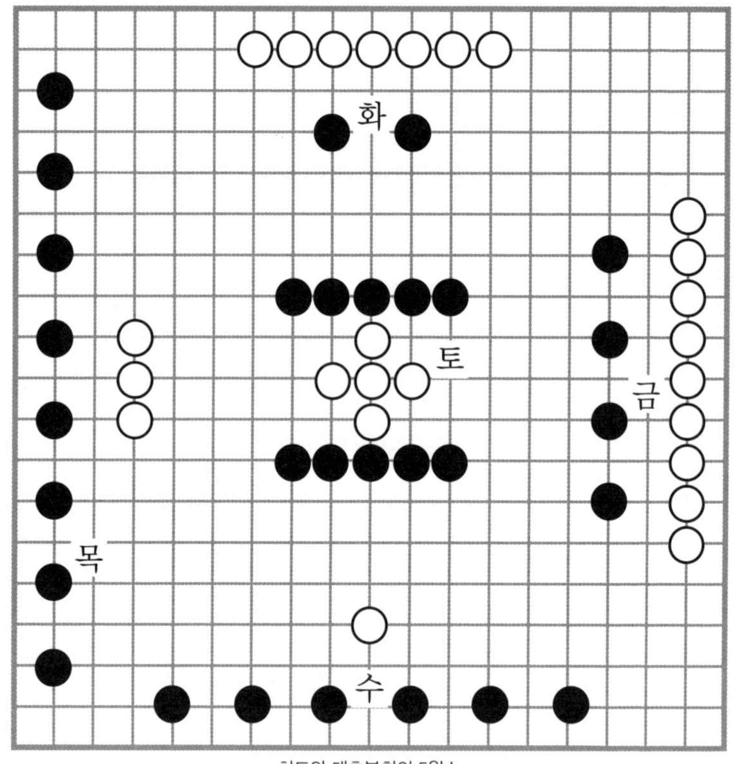

하도와 태호복희의 5원소

서 위의 그림과 같이 배치된다. 자세한 내용은 '태호복희 - 개천기 2'를 참고하기 바란다.

우리나라의 우주관의 특징은 '순환'에 있다. 즉 '木 → 火 → 金 → 水' 기운의 변화가 봄 → 여름 → 가을 → 겨울을 낳는다고 보는 것이다. 그런데 지구뿐 아니라 우주 전체도 순환한다고 믿는 것이 우리 우주관이다. 즉 지구의 1년이 춘하추동으로 순환하는 것처럼 우주의 1년 역시 춘하추동으로 순환한다는 것이다. 우주의 1년은 129,600년으로 보는데 과학적으로도 그럴 듯하다. 우주의 겨울 빙하기가 수만 년 계속되고 주기적으로 반복된다는 사실이 밝혀졌기 때문이다.

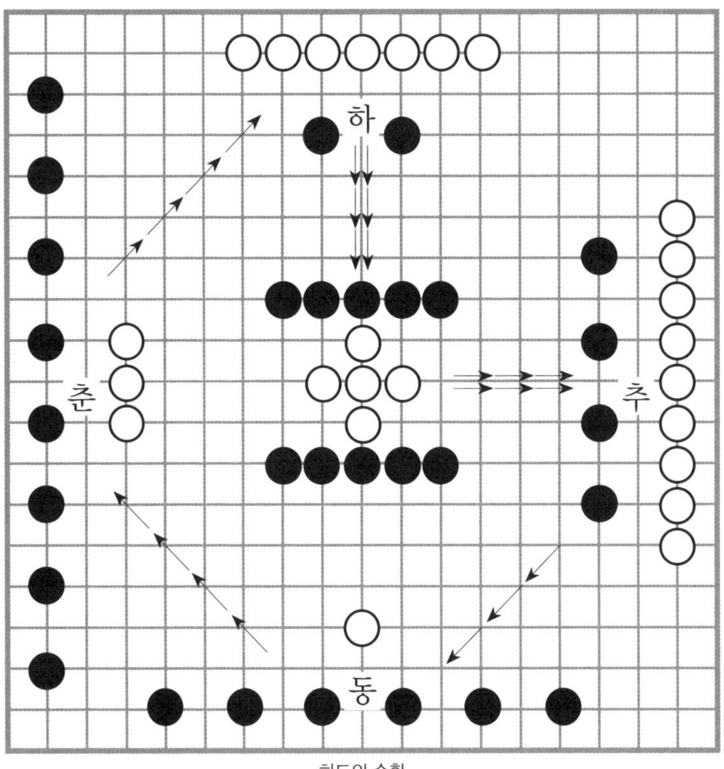

하도의 순환

문제는 '水 → 木 → 火 → 金' 순환이 자연스럽지 못하다는 것이다. 즉 '水 → 木 → 火'까지는 '水生木', '木生火' 때문에 문제가 없지만 '火 → 金'은 '火克金', 즉 불이 쇠를 녹이기 때문에 진행이 되지 않는다는 것이다. 그래서 '火 → 金'을 위해서는 '土'의 개입이 불가피하게 된다. 즉 '火 → 土 → 金'처럼 '火生土 → 土生金'을 이용해 순환을 이어가는 것이다.

따라서 '土'의 개입은 우주의 1년 관점에서 볼 때 여름에서 가을로 넘어가는 하추교역기에 일어나야 한다. 이를 민족종교에서는 개벽, 즉 '開闢'이라고 한다. 개벽은 양의 기운이 지배하던 '先天', 즉 우주의 봄과 여름이 지나면서 일어나 '後天', 우주의 가을과 겨울을 연다. 이 '후천개벽'은 시대의 종말보다 새로운 세상이 열린다는 의미를 지닌다. 여기서 '土'의 개입이 인격화된 것이 바로 우주의 주재자인 상제다. 즉 상제는 우주를 계속 이어가는 '천지공사'를 위해 강림할 수밖에 없다는 것이다.

강림한 우리 민족종교의 상제는 다른 종교의 절대자들보다 상대적으로 초라한 인생을 마친다. 그리고 여기에 대해 많은 사람들이 의구심을 품는다. 나는 종교인이 아니지만 이렇게 생각한다. 높고 높은 상제가 겨우 인간 세상의 왕 노릇하러 내려왔겠는가. 화려하지 않게 은둔하며 천지공사를 마치고 서둘러 사라지는 모습이 오히려 우리 정서에 맞지 않을까.

동학운동도 우리 민족의 우주관에 기초를 두고 있다. 동학을 창시한 최제우는 최치원의 후손으로 1860년 상제와의 천상문답 사건을 통해 천명을 받았다고 한다. 동학의 사상은 '용담유사'에 나오는 '십이제국 괴질운수 다시 개벽 아닐런가', '무극대도 닦아 내니 오만년지 운수로다' 같은 말로 잘 정리된다. 민초들의 새로운 세상을 열어가고 싶은 꿈을 읽을 수 있다.

최제우는 겨우 3년 정도 포교를 하고 효수됐지만 동학은 호남지방을 중심으로 들불처럼 퍼져 나아갔다. 우리 조상들이 동학을 외치다가 관군과 일본군에게 20만 명이나 희생된 것이 불과 150년 전의 일이었다. 일본은 여세를 몰아 청일전쟁과 러일전쟁에서 승리하면서 조선을 강점하게 됐다. 일제강점기 동안 600만 명의 민족종교 신자들이 '동경대전' 포덕문 '시천주조화정영세불망만사지', '侍天主造化定永世不忘萬事知'를 외우게 된 이유도 뿌리 깊은 우주관에서 비롯됐다는 사실을 깨닫게 된다.

다시 우주관 얘기로 돌아가자. 황하 문명 최초의 나라, 하나라의 우왕이 만든 낙서는 뒤 페이지의 그림에서 보는 바와 같이 마방진도 겸하고 있다. 실제로 어느 방향으로 세 숫자를 합해도 15가 됨을 알 수 있다. 단군조선 초기 창기소 선인은 오행치수법을 만들었는데 마침 양자강이 범람하는 9년 홍수가 일어났다. 왕검단군의 아들 부루태자는 배달민족이었던 우사공에게 오행치수법을 전해 홍수를 막았고 그 덕분에 우사공은 우나라 순왕이 죽

정읍에 있었던 대표적인 민족종교 보천교 본부

자 하나라를 세우고 우왕이 될 수 있었다. 부루태자가 우사공에게 준 금간옥첩에는 홍범구주도 포함돼 있었는데 바로 이것으로부터 '범주'라는 말이 나왔다. 자세한 내용은 '왕검단군 - 개천기 4'를 참고하기 바란다.

낙서는 우왕이 낙수라는 강에서 거북 등을 보고 그렸다고 해서 그렇게 명명됐다. 한자로는 '洛書'로 적는데 바로 이 낙서와 하도가 합쳐져서 '도서관'이라는 말이 생겼다고 한다. 낙서에서도 1·6은 '水', 2·7은 '火', 3·8은 '木', 4·9는 '金', 5·10은 '土'에 해당된다. 따라서 태호복희 5원소는 낙서에서 다음의 그림과 같이

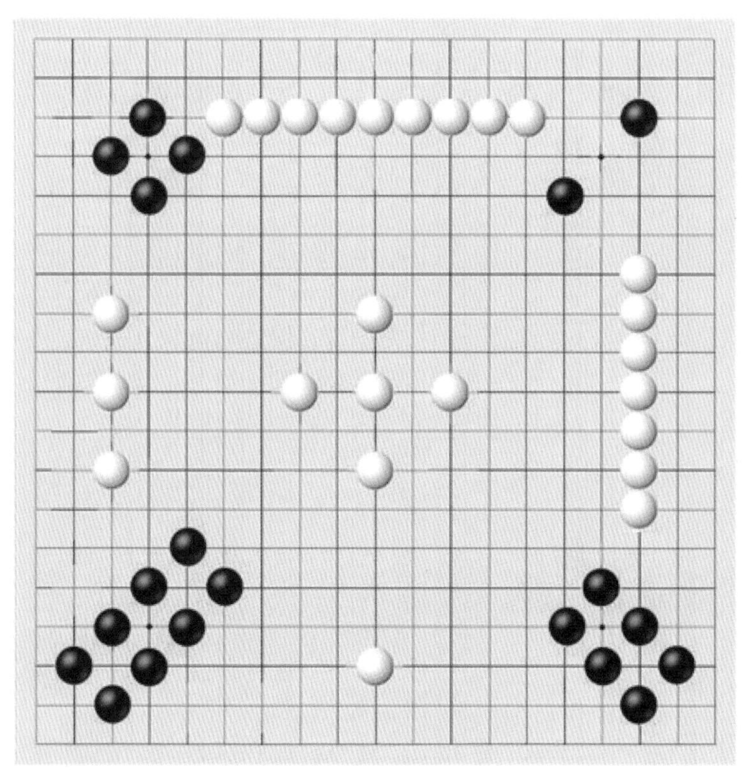

하나라 우왕이 만든 '낙서'

배치된다. 순환의 방향은 하도와 반대로 '水 → 火→ 金 → 木 → 土' 순서로 역행한다. 즉 낙서는 상극의 순환, '水克火 → 火克金 → 金克木 → 木克土 → 土克水'를 보여주는 그림이다.

더 깊이 공부하면 하도와 낙서의 배경에는 천부경 우주관이

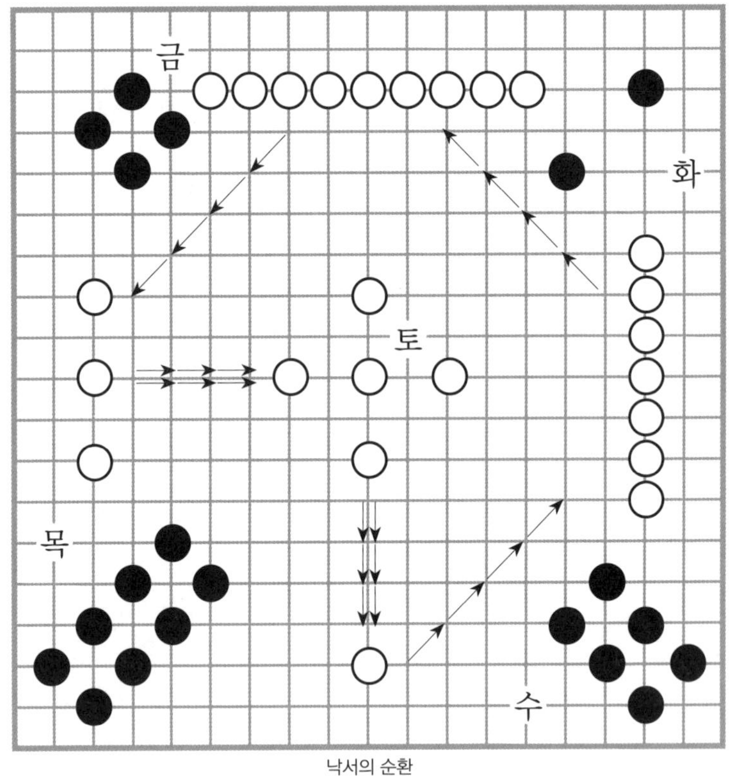

낙서의 순환

자리 잡고 있음을 깨닫게 된다. 즉 순환을 통해 상극도 이겨내며 진화하는 우주관이다. 태곳적부터 천부경 → 하도 → 낙서 순서로 전해진 우리 우주관을 역사와 엮으면 아래와 같은 글을 쓸 수도 있다.

삼성조시대

환인성조의 환국이 있었다고
일월성신 말해주노라.
환국의 용봉이 노래한 천부경,
동녘 하늘을 열었도다.

환웅성조의 배달이 있었다고
오성개합 말해주노라.
배달의 태호복희 음양오행 하도,
치우천자 시대를 열었도다.

단군성조의 조선이 있었다고
오성취루 말해주노라.
조선의 부루태자 홍범구주 낙서,
대한의 시대를 열었도다.

태극기의 원리란 무엇인가

태호복희의 코스모스는 효가 모여서 이룬 괘로 설명된다. 양효는 긴 것

⚊

음효는 가운데 흰 부분이 있어 마치 양효가 둘로 나뉜 것처럼 보인다.

⚋

유명한 팔괘는 도합 3개의 효를 이용해서 만들어진다.

☰

첫 번째 괘를 '일건천', 한자로 '一乾天'이라 불렀다. 즉 첫 번째 '건'괘로서 하늘을 상징한다. 양효가 3개나 모인 이 건괘는 하늘이 될 수밖에 없다.

두 번째 괘를 '이태택', 한자로 '二兌澤'이라 불렀다. 즉 두 번째 '태'괘는 연못을 상징한다.

세 번째 괘를 '삼리화', 한자로 '三離火'라 불렀다. 즉 세 번째 '이'괘는 불을 상징한다.

네 번째 괘를 '사진뢰', 한자로 '四震雷'라 불렀다. 즉 네 번째 '진'괘는 벼락을 상징한다. 여기까지 모두 양효가 가장 아래에 있는 것들이다.

다섯 번째 괘를 '오손풍', 한자로 '五巽風'이라 불렀다. 즉 다섯 번째 '손'괘는 바람을 상징한다.

여섯 번째 괘를 '육감수', 한자로 '六坎水'라 불렀다. 즉 여섯 번째 '감'괘는 물을 상징한다.

일곱 번째 괘를 '칠간산', 한자로 '七艮山'이라 불렀다. 즉 일곱 번째 '간'괘는 산을 상징한다.

마지막으로 여덟 번째 괘를 '팔곤지', 한자로 '八坤地'라 불렀다. 즉 여덟 번째 '곤'괘는 땅을 상징한다. 음효가 3개나 모인 이 곤괘는 땅이 될 수밖에 없다. 나중 4개는 모두 음효가 가장 아래에 있는 것들이다.

내가 어렸을 때 동네 어르신들이 '일건천 - 이태택 - 삼리화 - 사진뢰 - 오손풍 - 육감수 - 칠간산 - 팔곤지' 하면서 장단에 맞춰 읊조리던 일들이 기억난다. 아이들이 '건지곤지'하며 노는 것 등도 모두 팔괘와 관련이 있다. 즉 팔괘의 이름은 '건 - 태 - 이 - 진 - 손 - 감 - 간 - 곤' 같이 정리된다. 음효를 숫자 '0'으로 나타내고

순서	괘	한글	한자
1	☰	건	乾
2	☱	태	兌
3	☲	이	離
4	☳	진	震
5	☴	손	巽
6	☵	감	坎
7	☶	간	艮
8	☷	곤	坤

태호복희의 팔괘

양효를 숫자 '1'로 나타내면 팔괘는 2진법 숫자 000, 001, 010, 011, 100, 101, 110, 111 등 총 8개에 해당된다.

태호복희의 천재성은 팔괘를 원형으로 배치한 것에서 찾을 수 있다. 복희의 팔괘를 보면 가장 위에 배치된 일건천의 왼쪽으로 이태택 - 삼리화 - 사진뢰 순으로 내려온다. 그 다음 다시 위로 올라가서 일건천의 오른쪽으로 오손풍 - 육감수 - 칠간산 순으로 내려와 맨 아래에는 팔곤지가 배치된다. 그 원리에 대한 더 자세한 설명은 '태호복희 - 개천기2'를 참고하기 바란다.

동서남북 방향에는 하늘, 땅, 해, 달 같이 천문적인 것이 나타

태호복희의 팔괘 배치

나고 그 사이사이에는 산, 강, 벼락, 바람 같은 지리적인 것이 자리를 잡게 된다. 해와 달이 방향을 정하는 것은 당연한 것이다. 무릇 '천문지리 무불통달', 한자로 '天文地理 無不通達'이라 함은 바로 이 팔괘의 이치를 깨닫는 것을 의미한다. 복희의 팔괘 중앙에 태극을 집어넣은 것이 바로 '팔괘태극'이다.

만일 내가 중국 마오쩌둥의 참모였다면 문화혁명 직후 오성홍기를 국기로 정할 때 결사반대했을 것이다. 당연히 태호복희의 팔괘태극을 국기로 정해야 한다고 피력했을 것이다. 팔괘태극에서 지리사괘를 빼고 천문사괘만 남겨놓고 단순화한 것이 바로 오늘날 우리 태극기다. 만일 중국이 팔괘태극을 국기로 정했다

태호복희의 팔괘 태극

면 우리 태극기는 무엇이 됐겠는가. 생각만 해도 아찔한 일이다.

태극기의 태극은 하늘과 땅, 즉 음과 양을 의미한다. 태호복희의 팔괘태극 중앙의 삼태극은 하늘과 땅과 사람을, 즉 천·지·인이 동등하게 맞물려 있는 모습을 보여준다. 남북통일이 되면 태극기를 태호복희 팔괘태극으로 복원시키는 것이 순리일 것이다.

KBS 설날특집으로 2017년 1월 이틀간 방송된 다큐멘터리 '멕시코 한류, 천 년의 흔적을 찾아서'는 꽤 충격적인 내용들을 담고 있었다. 배재대 손성태 교수의 집념으로 제작된 이 다큐멘터리에서는 환국 시대부터 고구려 시대까지 여러 차례에 걸쳐 알래스카의 베링해협을 거쳐 건너간 사람들이 만든 멕시코의 유물들

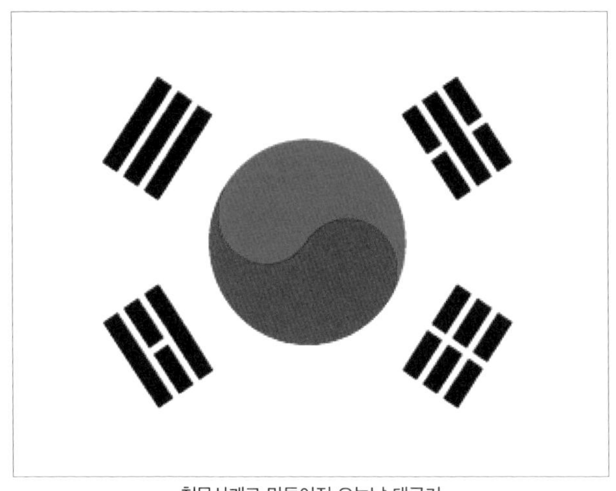

천문사괘로 만들어진 오늘날 태극기

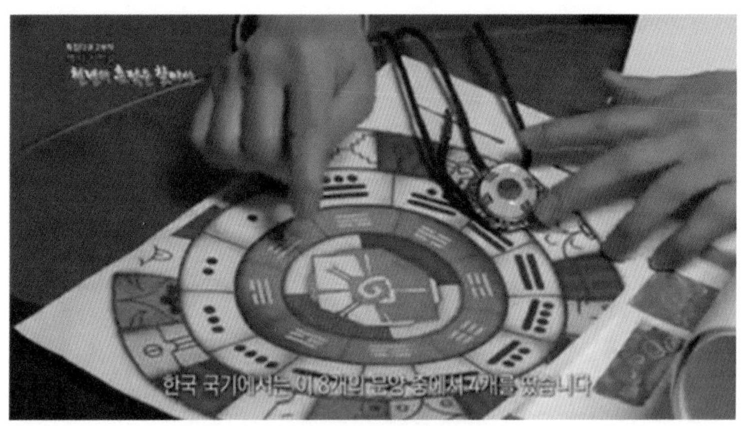

KBS 설날특집에 나온 마야 달력

이 많이 소개됐다. 그 중에는 태극무늬가 선명한 아즈텍의 유물부터 태호복희의 팔괘를 모사한 마야 달력도 있었다! 이것 하나만 사실이라 하더라도 의미하는 바는 정말 크다고 하겠다. 아시아 사람들이 베링해협을 건너가 아메리칸 인디언이나 남아메리카의 원주민이 됐다는 사실은 정설로 받아들여지고 있기 때문이다. 명품 다큐멘터리를 제작한 이인수 PD 등 제작진에게 찬사를 남긴다.

해와 달이란 이름은 깊은 의미를 지니고 있다

순수한 우리말 '해'와 '달'을 생각해보자. 한 해, 두 해…… 하는 해가 바로 하늘의 해요, 한 달, 두 달…… 하는 달이 바로 하늘의 달이다. 즉 지구가 해를 한 바퀴 공전하는 시간이 한 해요, 달이 지구를 한 바퀴 공전하는 시간이 한 달인 것이다. 먼 옛날 한 해는 360일이요 한 달은 30일이었다. 그래서 사람의 손가락과 발가락이 각각 10개씩인데도 불구하고 1년은 10개월이 아니라 12개월이 될 수밖에 없었다. 따라서 양력이든 음력이든 24절기는 1달에 2개씩 들어간다. 양력의 경우에는 예외가 없지만 음력의 경우에는 24절기가 1개만 들어가는 달이 있는데 그것이 바로 윤달이다.

여기서 12, 30, 360과 같은 숫자들은 태곳적부터 인류가 밝혀낸 '우주의 암호'라는 사실을 깨닫게 된다. 바둑은 음양의 두 기운이 조화를 이루는 스포츠라고 말할 수 있다. 바둑판은 가로세로가 똑같이 19줄이어서 총 19 × 19 = 361집을 갖게 된다. 집의 수는 중앙의 '천원'이라는 점을 제외하면 모두 360이 된다. 옛날 우리 조상들은 조선이 360 고을과 수도 한양으로 구성됐다고 믿었다.

이런 '우주의 암호'를 기반으로 책력이 만들어진다. 양력은 해를, 음력은 달을 기준으로 만들어진 책력이다. 양력을 '洋曆', 즉 서양 것으로 오해하는 사람들이 의외로 많다. 양력은 해, 즉 '太陽'에서 비롯돼 '陽曆', 음력은 달, 즉 '太陰'에서 비롯돼 '陰曆'이라고 하는 것이다.

우주에 무엇이 있느냐고 묻는 아이들의 질문에 나는 언제나 해, 달, 별이 있다고 대답한다. 과학적으로도 틀리다고 할 수 없을뿐더러 유치원 아이들까지도 이해할 수 있는 명쾌한 대답이기 때문이다. 동양에서는 해와 달의 크기가 같은 덕에 음과 양도 동등한 자격을 갖추게 됐다. 즉 음과 양은 어느 하나가 좋고 다른 하나는 나쁜 것이 아니라 서로 보완하는 관계에 있는 것이다.

하지만 서양의 경우는 다르다. 서양에서 낮은 신이, 밤은 악마가 지배한다는 통념이 자리매김하게 됐던 것이다. 따라서 밤의 상징인 달은 자연스럽게 좋지 않은 이미지를 갖게 됐다. 라틴어로 해를 'Sol', 달을 'Luna'라고 한다. 영어로 정신병을 'lunacy'라고 하는데 이 단어는 바로 달에서 비롯된 것이다. 심지어 정신이

나간 상태를 'moonstruck', 즉 달에게 얻어맞았다고 표현하는 것을 보면 확실히 이해할 수 있다.

태곳적부터 형성된 이 동서양간의 차이는 오늘날까지 영향을 주고 있다. 동양에서는 달이 밝으면 달맞이를 가는데 서양에서는 그것이 자살행위처럼 간주되고 있는 것이다. 특히 보름달은 서양인들에게 거의 공포의 상징과 같은 존재다. 예를 들어, 13일 금요일에 보름달까지 뜨게 되면 사람들이 외출을 달갑게 여기지 않을 정도다. 10월 말 할로윈 역시 보름달과 겹쳐야 최고로 쳐주

보름달 표면

는 것이다. 서양의 이야기 속에서는 유령이 나타나거나 사람이 늑대로 변하는 것이 모두 보름날 밤에 이루어진다.

여기에 반해 동양에서는 보름달이 좋은 이미지를 간직하고 있다. 예를 들어, 우리 처녀귀신이나 도깨비는 달이 없는 그믐 무렵에나 활동을 하는 것이다. 최근에는 동서양의 개념이 마구 뒤섞여 보름달을 배경으로 악마의 상징인 늑대가 우는 광경이 동양 영화에도 나오게 됐다. 특히 우리 민족은 무던히도 달을 좋아해 달이 밝으면 강강술래까지 한다. 대한민국 남자들 로망 중의 하나가 달밤에 배 띄워놓고 친구들과 같이 술 먹는 것 아닌가.

어느 날 TV를 켜니 남북이산가족이 헤어지면서 마지막으로 버스 창문 너머로 인사하고 있었다. '야, 우리 달을 보면서 서로를 생각하자' 북한 가족의 그 말을 잊을 수가 없다. 헤어지는 절박한 상황에서 진심으로 한 말이 아니겠는가. 북한 사람들 역시 우리와 정서가 같은 동포인 것이다.

인류가 일식과 월식을 정확히 예고할 수 있게 된 것은 불과 수백 년 전이다. 참고로 일식은 영어로 'solar eclipse' 한자로 '日蝕' 같이 적고, 월식은 영어로 'lunar eclipse' 한자로 '月蝕' 같이 적는다. 옛날에는 해를 먹어간다는 의미로 일식을 '日食' 같이 적기도 했었다. 식당 메뉴와 똑같았던 것이다.

일식은 해와 지구 사이에 달이 들어와 일어나게 된다. 즉 일식은 밤에 달이 뜨지 않는 그믐날에만 일어나게 된다. 개기일식은 달이 해를 완전히 가리는 현상, 부분일식은 일부만 가리는 현상을 각각 의미한다. 개기일식은 몇 분이 고작이지만 부분일식은 몇 시간에 걸쳐 진행된다.

해와 달의 겉보기 크기가 같기 때문에 개기일식이 일어나면 해 표면의 모습을 볼 수 있다. 예를 들어, 평소에는 너무 희미해서 보이지 않던 코로나를 볼 수 있다. 코로나는 라틴말로 'Corona' 같이 적는데 왕관을 의미한다. 즉 영어 'crown'의 원조다. 개기일식 때 마치 왕관처럼 보이는 모습 때문에 그런 이름이 붙게 됐다.

우리나라는 적도에서 멀기 때문에 일식이 자주 일어나지 않는다. 특히 개기일식은 아주 희귀해서 우리나라에서 볼 수 있는 개기일식은 2035년 9월 2일에 예정돼 있다. 이 날 평양에서 원산을 연결하는 고속도로 가까운 지역에서 봐야 개기일식을, 한반도 이외의 지역에서 보면 부분일식을 보게 된다. 설마 그때까지야 남북통일이 되지 않겠는가. 그날 날씨가 흐리면 어떻게 하나 나는 지금부터 걱정하고 있다.

해에는 삼족오가 살고
달에는 두꺼비가 산다

달의 표면에서 검게 보이는 부분은 고도가 낮은 지역이다. 주로 현무암으로 이루어져 있는데 '바다'라고 불린다. 바다는 바다인데 물이 없는 바다인 셈이다. 우리는 어려서부터 토끼가 달에서 방아를 찧는다는 이야기를 수없이 들어왔다. 바다들을 잘 연결하면 방아를 찧는 토끼를 발견하게 된다. 오른쪽 사진은 동산에 떠오르는 보름달의 모습이다. 토끼가 왼쪽에 앉아 있다는 사실을 잊지 말기 바란다.

우리 조상들은 달에서 '토끼와 두꺼비'를 찾아냈다. 즉 절구 부분을 두꺼비로 간주했던 것이다. 특히 고구려는 우리 역사를 통해서 개천사상이 가장 강했던 시대였다. 통치자가 죽으면 해와 달을 그려 넣어 고분 안을 아예 우주로 만들었다. 해는 삼족오로, 달은 토끼와 두꺼비로 각각 그려 넣었다. 토끼 모양이 더 뚜

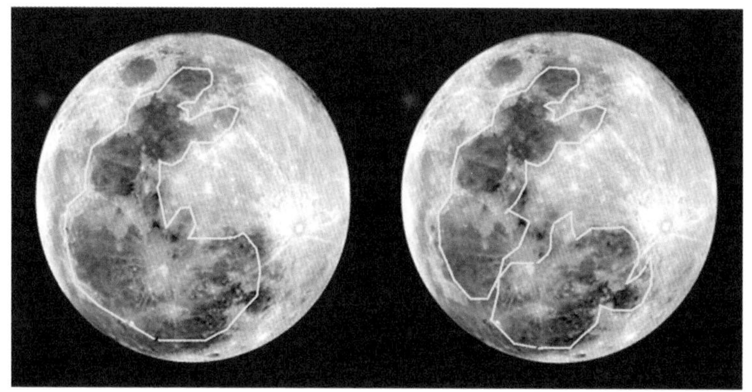

방아를 찧는 토끼　　　　달 표면의 토끼와 두꺼비

렷한데 고구려 벽화 등을 보면 오히려 토끼를 무시하고 두꺼비만 그려놓은 경우도 많다. 대한민국의 정부와 국회의 문양 중 하나라도 삼족오로 바꾸면 안 될까. 단군조선과 고구려의 강인한 기상을 되살린다는 의미로 말이다.

삼족오란 다리가 세 개인 까마귀라는 뜻으로 한자로는 '三足烏'라고 쓴다. 삼족오는 새 발이 아니라 짐승의 발을 가지고 있다는 사실을 알 수 있다. 삼족오는 보통 까마귀가 아니고 해에 사는 태양신이다.

고구려 고분 벽화의 달 그림

일본 축구협회 삼족오 휘장

일본 사람들은 삼족오를 너무 좋아한다. 일본이라는 나라 이름을 한자로 '日本'이라고 적는데 해를 근본으로 한다는 뜻이다. 일본 국기는 태양 그 자체다. 일본 국가대표 축구 선수들은 가슴에 삼족오를 달고 뛴다. 일본 축구협회 휘장을 보면 삼족오가 두 다리로 서 있고 세 번째 발로 축구공을 잡고 있음을 알 수 있다.

물론 삼족오는 우리나라를 통해 일본으로 건너간 것이다. 그러나 정작 우리는 삼족오를 잊고 살았다. '연개소문'이나 '주몽' 같은 TV 연속극이 국민들에게 삼족오를 소개하면서 비로소 그 존재가 인식됐다고 해도 과언이 아니다. 어떻게 보면 삼족오를 일본에게 빼앗긴 셈이다.

나는 고구려 유물 속의 삼족오를 볼 때마다 감동을 받는다. 곡선 하나하나가 너무 아름답다. 어떻게 저 모양을 금속으로 만들 수 있을까.

고구려 유물 속의 삼족오

북두칠성은 우리 민족의 별자리다

땅거미가 막 내린 초저녁 머리 위를 보면 누구나 쉽게 북두칠성을 발견할 수 있다. 북두칠성은 서울 밤거리에서도 얼마든지 볼 수 있다. 호주처럼 지구 남반구에 있는 나라로 여행가는 우리나라 사람들이 그렇게 남십자성을 찾는다고 한다. 마찬가지로 남반구 사람들은 북두칠성을 보고 싶어 한다. 그러니 우선 우리나라에서 북두칠성부터 찾아보고 여행을 떠나자. 북두칠성은 시계 반대방향으로 북극성을 하루에 한 번 돌고 있다. 어느 계절이든 밤새 지켜보면 그림의 네 모양 중 셋은 볼 수 있다. 나머지 하나는 낮이어서 볼 수 없게 되는 것이다.

북두칠성은 글자 그대로 밝은 7개 별로 구성돼 있으며 현대 서양 별자리를 기준으로 하면 북쪽하늘 큰곰, 라틴말로 'Ursa Major' 자리의 꼬리 부분이다. 즉 북두칠성은 독립된 별자리가

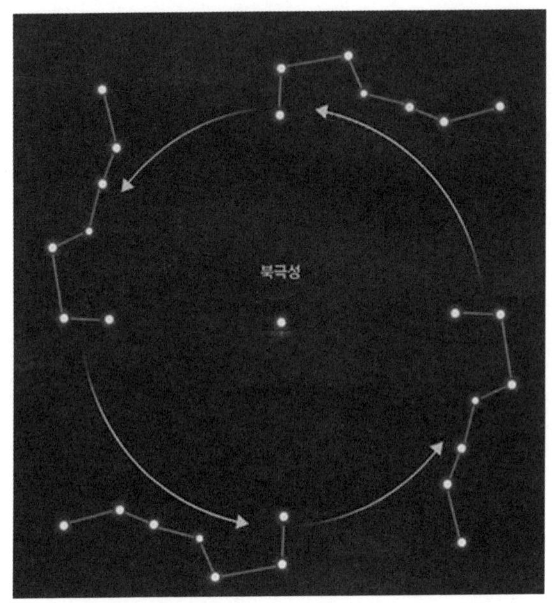

북극성을 하루에 한 바퀴 시계반대방향으로 회전하는 북두칠성

아니라 큰곰자리의 일부라는 말이다. 동양에서는 북두칠성을 '北斗七星'으로 표기한다. '중국의 GPS'라고 할 수 있는 '베이더우'는 바로 '北斗'를 말한다. 중국도 '북두칠성'을 끔찍하게 여긴다는 사실을 알 수 있다. 북두칠성을 영어로는 'Big Dipper'라고 한다. 정철의 관동별곡을 보면 '……북두칠성을 기울여 푸른 바닷물을 부어내어 저도 먹고 나에게도 먹이기에…….' 같은 구절이 있다. 북두칠성 '국자'가 제대로 사용된 예가 되겠다. '국자'의 손잡이 반대편 끝의 두 별을 북쪽으로 연장해 나아가면 북극성

과 만나게 된다.

이 두 별은 극을 가리킨다 하여 옛날부터 '지극성'이라고 하는데 한자로는 '指極星', 영어로는 'the Pointers'라고 적는다. 이처럼 북두칠성은 북극성을 찾을 때 이용되는데 이는 군 교범에도 나오는 귀중한 지식이다. 하늘의 북극 바로 옆에 북극성이 있어 정말 다행이다. 우리나라에서 보이지 않는 남반구 하늘에는 남극성이 없다. 북두칠성 '국자'의 손잡이와 그릇 부분이 만나는 부분에 위치한 별, 즉 어느 끝에서 세어도 네 번째인 별 하나만 밝기가 어둡고 나머지 6개의 별은 밝다. 이는 나머지 6개의 별이 2등성인데 반해 네 번째 별만 3등성이기 때문이다. 참고로 북극성도 1등성이 아닌 2등성이다.

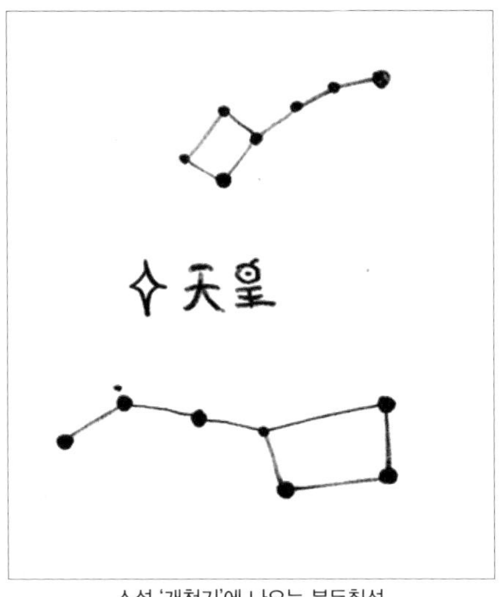

소설 '개천기'에 나오는 북두칠성.
당시 북극성, 즉 천황 별은 지금의 북극성이 아니었다.

이름이 '지극정성'과 비슷해서인지 옛날 어머니들이 정화수를 떠놓고 북쪽하늘을 향해 빌 때 지극성을 물에 비췄다고 한다. 내가 초등학교

다니던 시절 우리 집 뒤곁 장독대는 밤에 정말 깜깜했다. 천문학에 관심이 많던 나는 별을 보려고 갔다가 정화수를 떠놓고 기도하던 어머니와 마주쳐 기겁을 했다. 어떤 때는 반대로 먼저 와 있던 나를 보고 어머니가 놀라셨는데 그때마다 어머니는 '애가 청승맞다' 말하셨다.

민화에 따르면 우리는 북두칠성 신선의 점지를 받아 태어난다. 그런데 출생과정만 북두칠성이 관여하는 것이 아니다. 재래식 장묘에서 관 바닥에 까는 것을 칠성판이라고 부른다. 즉 이승에서 저승으로 갈 때도 북두칠성을 통하게 되는 것이다. 이처럼 우리 민족의 삶은 북두칠성과 깊은 관계가 있다. 아마 '칠성부대'는 우리나라에만 있는 부대 이름일 것이다. '칠성파' 역시 우리나라에만 있는 폭력조직일 것이다. 이렇게 북두칠성을 숭배하는 전통이 있기에 우리나라 사찰에는 '칠성각'이 있다. 개천절 행사에 참여하는 '칠선녀' 역시 북두칠성의 별을 하나씩 맡고 있는 것이다.

그래서 제주시에 '칠성거리'가 있고, 충북 제천에 '칠성봉'이 있으며, 전남 화순의 운주사에는 '칠성석'이 있다. 전남 담양 국제환경천문대 박종철 박사는 운주사의 칠성석의 배열이 북두칠성과 일치할 뿐 아니라 산재한 석탑들의 배치 역시 주위 1등성들의 배치와 80% 가까이 일치한다는 내용을 논문으로 발표했다. 즉 운주사는 하늘을 그대로 모방한 사찰이라는 사실이 밝혀진 것이다.

운주사 칠층석탑과 칠성석(국제환경천문대 박종철)

외국인들은 초현대식 빌딩을 짓고 나서 돼지머리를 놓고 고사를 지내는 한국인들을 이해하지 못할 것이다. 이것 역시 돼지머리의 구멍 7개가 북두칠성을 상징하기 때문이다. 즉 돼지머리가 등장하는 것은 제천행사라고 보면 된다. 성경 속에서 양이 희생되는 것과 별반 다르지 않다. 그 행위 자체가 바람직하다 아니다 논하기에 앞서, 그것이 우리가 전통적으로 지내온 제천행사라는 점을 인식할 필요가 있다. 우리는 하늘에 빌지 않고는 직성이 풀리지 않는 민족인 것이다.

천손정신이 드높았던 고구려시대에는 임금이 죽으면 고분 안을 우주로 만들었다. 그러니까 고분 높이 해와 달, 즉 삼족오와

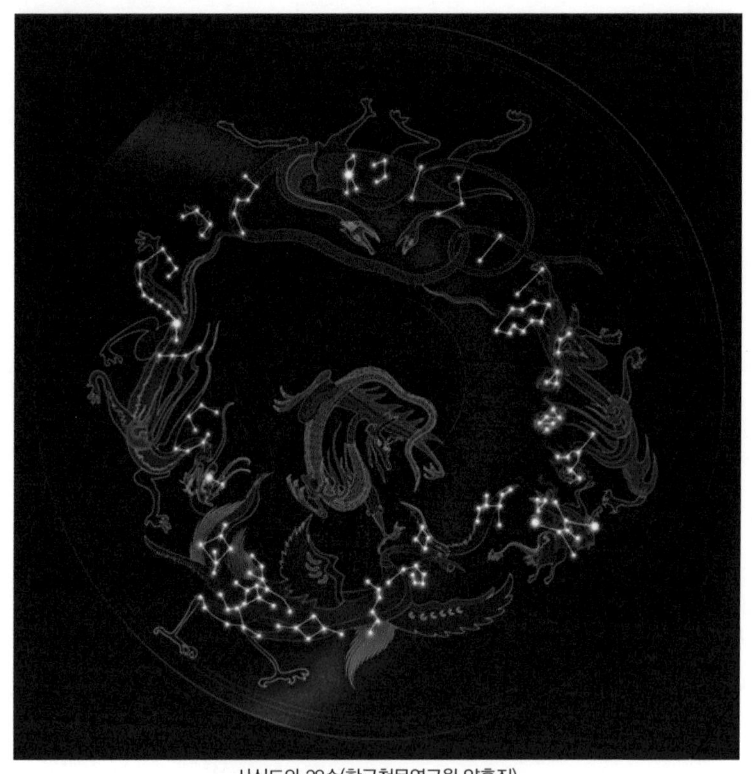

사신도와 28수(한국천문연구원 양홍진)

토끼, 두꺼비가 자리를 잡게 됐다. 동서남북 벽에는 각각 청룡, 백호, 주작, 현무 사신도가 자리를 잡았다. 왜 사신도일까? 사신도는 동양의 별자리이기 때문이다. 사신도 하나에 7개씩의 별자리가 있다. 따라서 모두 합치면 28개가 되는데 이를 28수라고 하며 한자로는 '二十八宿' 같이 적는다. '宿'은 흔히 '숙'으로 읽는데

이 경우에는 '수'로 읽어야 한다.

강원도 태백시에서는 지방자치단체 행사로서 매년 천제를 지낸다. 천제 행사 장면을 보면 가장 높은 깃발 3개가 눈에 띈다. 오른쪽 빨간 깃발은 해를 상징하는 것으로 삼족오가 그려져 있다. 왼쪽 노란 깃발은 달을 상징하는 것으로 토끼가 그려져 있다. 반 정도 가려진 가운데 노란 깃발에는 28수에 포함되지 않는 북두칠성이 그려져 있다. 주위를 둘러싸고 있는 28수 깃발들은 고구려 고분 내부와 마찬가지로 동서남북 각 방향 사신도에 따라 배치돼 있다.

강원도 태백시의 천제 광경

동양의 고전 '삼국지'도 결국은 하늘 싸움이다

고등학교에 다니던 형이 구입한 일본의 문호 요시카와 에이지의 '삼국지'는 총 5권으로 구성돼 있었는데 책들이 꽤 두꺼웠다. 초등학교에 다니던 나는 무협지인 줄 알고 읽기 시작했다. 책이 두꺼워서 엄두가 안 났지만 당시는 지금과 달리 초등학생들이 읽을거리가 마땅치 않았다. 선택의 여지가 별로 없었던 것이다.

첫 부분을 읽자마자 주인공이 유비라고 믿게 됐다. 유비가 홍부용이라는 아름다운 처자와 결혼하는 대목에서 더욱 확신할 수 있었다. 무협지의 주인공들은 예외가 없지 않는가. 그런데 마침내 책을 다 읽고 나니 허망하기 짝이 없었다. 유비가 삼국통일을 하지 않았던 것이다. 주인공이 먼저 죽는 무협지가 세상에 어디 있단 말인가. 비로소 '삼국지'는 통속적인 무협지가 아니라는 사실을 깨닫게 됐다. 비록 소설이지만 배울 점이 많은 중국 고전임은 의심의 여지가 없었다.

최근 '삼국지'를 다시 읽어보며 천문을 꿰뚫어본 제갈량이 주인공이라는 생각을 갖게 됐다. 제갈량이 처음으로 천문을 이용하는 장면은 남동풍을 불렀을 때다. 그는 남병산에 칠성단을 만들고 우매한 오나라 군사들을 현혹시켰다. 아마 우리 천제처럼 28수 깃발을 칠성단 주위에 배치하고 '세리모니'를 했을 것이다.

적벽대전이 끝나갈 무렵 관우를 화용도로 보내면서 제갈량은 유비에게 '제가 천문을 보고 인명을 살피건대…… 조조 개인의 수명은 여기서 절명한다고는 생각되지 않습니다' 같이 말한다. 그리하여 관우가 '오관돌파'할 때 조조에게 입은 은혜를 갚을 기회를 준다. 관우가 마음이 약해 조조의 목을 거두지 못할 것까지 예상하고 내린 결정이다.

제갈량은 자기의 라이벌(?)이었던 방통의 죽음도 별을 보고 알아차린다. 알다시피 유비가 사마휘 수경 선생을 만났을 때 '와룡과 봉추 중 하나만 옆에 있어도 천하를 얻을 수 있다' 같은 말을 듣는데 여기서 와룡은 제갈량이요 봉추는 방통이었다. 방통은 주군인 유비와 함께 촉 정벌에 나섰다가 변을 당했던 것이다.

마지막으로 제갈량이 천문을 이용한 것은 자기 수명을 연장하려고 제를 지낸 것이다. 제갈량의 이런 시도는 위연이라는 장군이 제기를 걷어차 물거품이 된다. 위연은 나중에 촉을 배신해 죽게 된다. 어쨌든, 이러니 누가 제갈량을 이길 수 있으랴. 제갈량은 죽어서도 산 사마의 중달을 쫓았던 것이다.

모두 알다시피 유비가 제갈량을 세 번 찾아가 자기 신하로 만든 과정을 '삼고초려'라고 한다. 여기서 감동적인 삼고초려 장면을 요시카와 에이지의 '삼국지'에서 살펴보자. '공명편'을 보면 첫 번째 방문에서 유비는 눈보라 속에 제갈량을 찾아가지만 허탕만 치고 돌아온다. 두 번째 방문에서도 제갈량 대신 아우 제갈균을 만난다. 형의 행선지를 묻는 유비의 질문에 제갈균이 답한다.

"어떤 날은 강이나 호수에 배를 띄워 놀고, 어떤 밤은 산사에 올라 승문을 두드리며, 또는 벽촌의 친구 등을 방문해 거문고와 바둑을 즐기고 시나 그림에 흥미를 느끼는 등 통 왕래를 추측하기 어려운 형이기 때문에…… 오늘도 어디 가셨는지 모르겠군요."

이렇게 재미있는 삶을 누리던 제갈량이었으니 세상에 나오기 싫었을 법도 하다. 마침내 해가 바뀌자 유비는 입춘 제사를 마치고 점술가에게 길일을 받아 세 번째 방문에 나선다. 이때 유비는 47세, 제갈량은 27세였다.

'……초당의 주변은 이른 봄의 빛이 부드럽게 그윽한 풍색에 감싸여 있다. 문득 초당 안을 보니 침상 위에 느긋하게 편안히 누워있는 한 사람이 있다. 이 사람이 바로 공명이려니 하고 현덕은 계하에 서서 그가 낮잠이 깨기를 기다리고 있었다…….'

성질 급한 장비가 아무리 성화를 부려도 유비는 제갈량을 깨우지 않았다. 유비의 지극한 정성은 결국 제갈량의 출려를 얻어낸다. 이렇게 만난 유비와 제갈량 사이의 의리는 글로 표현하기가 어렵다. 유비는 임종 때 자기 아들이 모자라면 당신이 임금이 돼 촉을 다스리라고 유언한다. 어떻게 왕조에서 이게 가능한가? 얼마나 주군이 신하를 신뢰하면 그렇게 유언할 수 있을까? 오늘날 '신하'를 이 정도 신뢰하는 '주군'이 있을까? 제갈량은 유비의 아들 유선에게도 변함없는 충성을 바친다. 그리하여 제갈량은 유선에게 눈물 없이는 읽을 수 없는 '출사표'를 올리게 되는 것이다. 오늘날 '주군'에게 이 정도 충성하는 '신하'는 있을까?

거슬러 올라가 유비는 채모의 계략에 빠져 죽기 직전 적로라는 말과 함께 단계라는 강을 건너 구사일생으로 살아남았다. 죽을 고비를 넘긴 유비 앞으로 피리소리와 함께 동자가 소를 타고 나타난다. 유비는 동자의 사부 사마휘 수경 선생을 만나기 위해 동자를 따라간다.

'……안내를 받아 2리 정도 가니 숲 사이로 등불이 보였다. 그윽한 초당의 지붕이 안쪽에서 보이고 잔잔한 물소리에 귀를 씻으며 오솔길의 사립문을 들어서니 안에서 거문고 뜯는 소리가 들려왔다…….'

사마휘는 동양화 속의 초당 같은 곳에 살고 있어 예사롭지 않은 인물임을 느끼게 한다. 유비는 가서 아뢰라고 동자에게 부탁한다.

'……뚝 하고 거문고 소리가 그치고 금세 노인 한 사람이 안에서 문을 열고 밖으로 꾸짖었다. "누구냐, 거기 온 사람은? 지금 거문고를 타고 있는데, 그윽하고 맑은 소리가 갑자기 흐트러지고 살벌한 운율이 됐다. 창밖에 온 사람은 참혹한 전쟁터에서 헤매다가 온 무사 따위일 것이다. 이름을 말해라. 누구냐, 어떤 사람이냐?" 현덕은 놀라 슬그머니 그 사람을 살펴보니, 나이는 쉰 남짓, 소나무의 자태에 학의 몸체, 보기에도 청아한 선비의 풍모를 갖추고 있었다…….'

동자가 굳이 아뢰지 않았어도 사마휘는 이렇게 방문객의 출현을 알고 있다. 방문객이 유비임을 확인한 사마휘는 반갑게 안으로 맞아들인다. 그러자 유비의 신세한탄이 한동안 이어진다. 결국 유비는 사마휘로부터 귀중한 충고를 듣는다.

"어느 시대라고 결코 인물이 아주 없지는 않지요. 다만 그것을 참답게 이용하는 눈을 가진 사람이 없는 것이지요. 와룡이나 봉추, 그 중의 한 명을 얻는다면 아마 천하는 손바닥에 있소."

다음날 유비는 조자룡에게 구출돼 신야의 성으로 돌아갔다. 하지만 며칠 후 사마휘가 찾아오는 바람에 다시 만나게 된다. 유비가 곧 와룡, 즉 제갈량을 만나러 갈 예정이라고 말하자 내가 '삼국지'를 읽으며 최고로 감탄하는 부분이 등장한다.

'……하늘을 바라보며 말했다. "아, 와룡 선생. 그 주군을 얻었다 해도, 안타깝게도 그때를 얻지 못했구나! 그때를 얻지 못했

어!" 그리고 또 한 번 껄껄 웃으며 표연히 떠나버렸다…….'

놀랍지 않은가! 사마휘는 제갈량이 유비와 손을 잡더라도 삼국통일은 이룰 수 없다는 사실을 이미 알고 있었던 것이다! 어떻게 알았을까? 물론 천문을 본 것이다. 하지만 제갈량은 자기가 삼국통일을 이룰 수 없다는 사실을 끝까지 몰랐다. 그러니까 '출사표'를 올리고 수명 연장을 시도하면서까지 출정했던 것 아닌가.

사마휘는 제갈량보다 훨씬 단수가 높았던 것이다. 뛰는 제갈량 위에 나는 사마휘랄까. 그런 관점에서 보면 성이 사마휘와 같은 사마염이 삼국통일의 대업을 이룬다는 스토리가 주목된다. 사마휘는 자기 집안에서 삼국통일을 이룰 것도 미리 알았던 것은 아닐까.

사마염의 할아버지가 바로 사마의 중달이다. '죽은 공명이 산 중달을 쫓다' 할 때 중달이 바로 사마의인 것이다. 요시카와 에이지의 '삼국지' 어디에도 사마의와 사마휘 두 사람의 관계가 나와 있지 않다. 하지만 사마의가 조조의 아들 조비의 신하였으니 나이로 보면 사마휘의 조카뻘 아니면 손자뻘이었을 것이다.

'……어느 날 밤 사마의는 천문을 보고 깜짝 놀라며 또 기쁜 나머지 소리쳤다. "공명은 죽었다!" 그는 곧 좌우의 여러 장수에게도, 두 아들에게도 흥분해서 말했다…….'

이 대목만 보더라도 사마의 역시 대단한 인물이었음을 알 수 있다. 아마 사마의는 사마휘에게 천문을 배웠을 것이다. 사마의의 두 아들은 곧 사마사와 사마소이고 사마염은 사마소의 아들이다. 하지만 이들의 재주는 제갈량에 미치지 못했다. 그렇다면 사마휘가 삼국통일에 개입한 것은 아닌지 의혹이 든다.

삼국통일이 애들 장난인가. 사마의로는 역부족 아닌가. 사마휘 정도는 돼야 이루어질 일 아닌가…… 이런 관점에서 보면 더욱 그렇다. "쯧쯧, 중달이 녀석, 창피하게 죽은 공명에게 쫓겨 오다니……" 하며 적극적으로 개입한 것은 아닌가.

하지만 나는 사마휘 정도 인물이면 속세 일에 개입하지 않았을 것이라고 믿고 싶다. 삼국통일은 사마휘 말마따나 제갈량이 '때를 얻지 못해서' 이루지 못한 일이었다…….

현대 우주론 어디까지 왔나

불과 백 년 전까지만 해도 사람들은 우주에 우리 은하 하나만 있는 줄 알았다. 그래서 서양 사람들은 우리 은하를 정관사 the를 붙이고 첫 글자를 대문자로 써서 'the Galaxy' 같이 표기했다. 하지만 우리 은하는 유일한 은하가 아니었다. 최근까지 찾아낸 은하는 모두 1천억 개가 넘는다! 크고 작은 은하들이 무수히 모여 은하단을 구성하고 있다.

은하단의 모습

큰 강당에서 강의를 하면서 우주가 크다는 것을 구체적으로 강조할 필요성을 느꼈다. 그래서 우주의 크기가 그 강당만하다면 우리 지구는 아마 바이러스만할 것이라고 말했다. 그리고 그 정도면 청중들이 꽤 놀랐겠지 하며 속으로 흐뭇해했다. 하지만 강의가 끝나고 곰곰이 생각해 보니 커다란 실수를 했다는 사실을 깨닫게 됐다. 지구를 너무 크게 비유했던 것이다. 만일 천문학자들이 관측하는 우주를 지구 크기로 줄인다면 지구는 원자보다도 작아야 한다!

이 정도면 우주의 크기가 무한하다고 해도 과언이 아니지 않는가. 거의 1백 년 전 미국의 천문학자 허블은 이 무한한 우주가 팽창하고 있다는 사실을 발견했다. 즉 모든 은하들이 상대적으로 멀어지고 있는 현상을 관측해낸 것이다. 따라서 영화 필름을 거꾸로 돌리는 것처럼 과거로 시간을 거슬러 올라가면 모든 은하가 한 점에 모여야 한다. 그렇다면 태초의 우주는 엄청나게 밀도도 크고 무지막지하게 뜨거웠을 것이다. 태초 대폭발을 일으켜 팽창우주가 됐다고 추리할 수밖에 없는 것이다.

대폭발, 즉 BB - Big Bang 우주론과 달리 태초가 뜨겁지 않은 우주론도 제시됐다. 우주의 과거로 거슬러 올라감에 따라 은하가 하나씩 없어지면 태초의 끔찍한 빅뱅을 피할 수 있다는 주장이다. 그러니까 이 우주론에서는 시간이 원래 방향으로 흐르면 은하가 하나씩 생겨야 한다. 그래서 이 우주론을 연속창생CC -

Continuous Creation 우주론이라고 부른다. 따라서 CC 우주는 옛날이나 지금이나 모양이 똑같다.

BB와 CC의 대결은 5, 60년대 과학사에서 대사건이었다. BB는 가모프 등 미국 우주론가들에 의해, CC는 호일 등 영국 우주론가들에 의해 주장됐다. 그 대결은 BB의 판정승으로 끝났다. 우주배경복사는 BB가 CC를 이기는 데 결정적 단서가 됐다. 왜냐하면 우주배경복사는 마치 뜨거운 물로 샤워를 마친 후 목욕탕에 남아 있는 수증기와 같은 것이기 때문이다. 즉 우주 초기가 뜨거웠다는 증거로 채택된 것이다.

그런데 우주배경복사는 어느 방향을 관측해도 정보가 똑같다. 이것은 정말 신기한 일이 아닐 수 없다. 왜냐하면 우주배경복사는 우주에서 가장 빠른 광속으로 우리에게 접근해왔기 때문이다. 조선시대 두 전령이 각각 평양과 전주로부터 그 당시 가장 빠른 운송수단인 말을 타고 한양으로 달려와 임금에게 올린 정보가 완벽하게 똑같다면 이상하지 않은가. 전화나 메일이 없는데 사전에 어떻게 정보를 교환했을까.

이 수수께끼의 해답으로서 미국의 구스는 1980년 급팽창, 즉 inflation 우주론을 도입했다. 예를 들어 강릉에 같이 있던 두 전령이 정보를 공유하고 각각 평양과 전주로 엄청나게 빠른 공간이동을 한 후, 즉 급팽창을 한 후 한양으로 말을 타고 왔다면 설명이 되는 것이다. 그런데 우주의 모든 부분에서 급팽창이 끝났는데도 불구하고 아직도 한 부분에서 진행되고 있으면 어떻게 될까? 놀랍게도 이 경우에는 아기 우주가 태어나야 한다. 마치 계속 커지는 풍선을 두 손으로 감싸면 손가락 틈으로 삐져나와 작은 풍선이 만들어지는 것과 같다.

따라서 아기 우주는 어미 우주와 '탯줄'인 웜홀로 연결돼야 한다. 웜홀은 시간이 지나면 붕괴하므로 아기 우주와 어미 우주는 분리돼 두 개의 '평행우주'가 된다. 평행우주를 이해하려면 미국 TV 연속극 '프린지'를 보는 것이 제일 좋다. 나도 아기 우주가 태어나는 데 약 0.00……(0이 모두 42개)……001초 시간밖에 걸리지 않는다는 내용의 논문을 발표한 바 있다.

아기 우주는 또 다시 자신의 아기를 낳을 수 있다. 급팽창이 계속 진행된다면 우주는 1초(!) 안에 손자 우주, 증손자 우주…… 등으로 '거품'처럼 번식해 무수히 많은 평행우주가 된다. 그 중 일부는 빅뱅 직후 바로 빅크런치, 영어로 BC - Big Crunch를 겪으며 소멸하기도 한다. 우리는 운 좋게도 무수히 많은 평행우주 중에서 바로 소멸하지 않는 것에서 태어나 잘 살고 있는 것이다…….

이렇게 태어난 우주에서 약 10억 년이 지나면 최초의 별들이 탄생한다. 하지만 약 1조 년이 지나면 별들의 탄생은 멈추고 백색왜성, 중성자성, 블랙홀 같은 별들의 시체만 남는다. 약 100……(0이 27개)……00년이 지나면 모든 은하는 거대한 블랙홀로 바뀌어 있을 것이다. 마찬가지 원리로 약 100……(0이 31개)……00년이 지나면 은하단 전체가 하나의 거대한 블랙홀이 될 것이다.

더 이상의 미래를 언급하는 것이 과연 의미가 있을까? 결국 현대우주론도 극한의 시간과 공간에 이르면 과학이라는 단어에 어울리지 않는 모습이 돼 버린다. 동양에서 사유에 근거를 둬 제안된 우주론이나 서양에서 현대과학에 바탕을 둬 얻어낸 서양의 우주론이나 근본적으로 영성문화에 의존할 수밖에 없다. 누가 우주의 시작을 봤는가? 누가 우주의 끝을 봤는가? 동양의 우주론을 무조건 비과학적인 것으로 폄훼하며 서양의 우주론만 믿을 이유가 전혀 없는 것이다.

예를 들어 천부경의 첫 구절 '一始無始一'은 '시작하되 시작이 없다', 마지막 구절 '一終無終一'은 '끝나되 끝이 없다' 같이 해석될 수도 있다고 본다. 이 얼마나 CC 우주론과 철학적으로 비슷한가. 천부경은 비과학적, CC 우주론은 과학적, 이렇게 말하기는 힘들다. 시작도 끝도 없이, 한 번 정해진 모양이 변치 않기 때문에 CC 우주론을 '정상우주론', 한자로 '定常宇宙論'이라고 적는다. 이것만 봐도 천부경이 다른 민족들의 유치한(?) 고대 신화적 우주론들과 품격이 전혀 다르다는 사실을 분명히 깨달을 수 있다!

하지만 이런 이유 때문에, 옛날 동양에서 현대우주론을 모두 이해하고 있었다는 식의 주장을 해서는 안 된다. 예를 들어 태극이 은하 모습과 비슷한 것을 보면 옛날 동양에서는 이미 은하의 모습을 알고 있었다 — 이런 식으로 주장하면 안 된다는 말이다. 은하의 구조가 밝혀진 것은 이제 겨우 1백 년 남짓한 일이다. 다시 하나 예를 들어, 우리 민족은 옛날 명왕성의 존재도 알고 있었다 — 이런 식의 주장을 해서는 안 된다는 말이다.

대한민국은 하늘의 나라다

인천공항에서 서울 방향으로 자동차를 타고 들어오다 보면 바로 옆에 공항철도 레일이 보인다. 주의 깊게 보면 자동차는 우측통행하고 있는데 기차는 좌측통행하고 있다는 사실을 깨닫게 된다. 왜 우리나라는 자동차와 기차가 다니는 방향조차 통일하지 못했을까? 세계적으로 이런 나라는 아마 거의 없을 것이다. 한마디로, 일제강점기 때는 일본처럼 자동차와 기차가 모두 좌측통행했지만 해방 후 미국의 영향력이 커지면서 자동차가 우측통행하게 됐기 때문이다. 바로 우리 역사의 굴곡이 그렇게 만든 것이다. 그러다 보니 서울 지하철도 국철과 연결되는 것은 좌측통행, 나머지는 우측통행을 하고 있는 실정이다.

자동차와 기차는 서로 충돌할 일이 없으니 굳이 통행방향을 통일할 필요가 없다고 치자. 하지만 오랫동안 시행됐던 '사람은 좌측통행 자동차는 우측통행' 교통체계는 정말 문제가 많았다. 왜 사람과 자동차가 통행방향이 달라야 하는가. 룰은 간단할수록 좋은 것 아닌가. 자동차가 우측통행을 하는 나라에서는 횡단보도에서 오른쪽으로 건너가는 것이 더 안전하다. 왜냐하면 횡단보도에 들어서는 순간 자동차가 왼쪽에서 접근하기 때문이다. 그래서 사람이 좌측통행하던 시절 우리나라 횡단보도에는 다른 나라에서 볼 수 없는 2개의 화살표가 등장하게 됐다. 횡단보도를 건널 때 사람들이 오른쪽으로 걷도록 유도하기 위한 것이었다. 이런 단편적 처방이, 속된 말로 이런 '땜빵'이 도대체 어디 있

횡단보도에 그려진 2개의 화살표

는가. 나는 이것이 참 창피하게 느껴졌다. 외국인들이 어떻게 생각할까 두려웠다. 하지만 사람과 자동차의 통행방향을 모두 우측으로 통일한 지금 이 2개의 화살표는 우측통행을 계몽하는 품격 높은 것이 됐다. 화살표의 팔자가 확 바뀐 것이다. 이제 횡단보도에서 이 화살표들을 지워도 아무런 문제가 없으니 언젠가는 사라질 것이다.

이처럼 세상의 모든 일은 근본을 바로잡으면 소소한 문제들이 저절로 해결된다. 그러면 우리나라의 근본은 무엇일까? 하늘이다. 우리나라는 하늘을 빼면 설명이 되지 않는 나라인 것이다. 우리나라의 모든 문제는 하늘을 바로 알면 모두 해결될 수 있다. 즉 하늘에 길을 물어보면 되는 것이다. 애국가에 나오는 '하느님'은 하늘을 숭상하는 우리 민족의 전통을 말해 주고 있다. 오죽하면 '개천절', 즉 '하늘이 열린 날'이라는 공휴일까지 가지고 있을까. 이것만으로도 지구상에서 우리 민족만큼 하늘을 숭앙한 민족이 없다는 사실을 깨닫게 된다.

천체를 상징으로 만들어진 국기는 꽤 많다. 예컨대 우리 이웃인 일본의 국기는 해를 상징하고 있고 중국의 국기는 5개의 별을 이용하고 있다. 반면 태극기는 세계의 수많은 국기 중 유일하게 '우주의 원리'를 바탕으로 만들어져 있다.

최근 우리나라가 다민족국가로 변해가는 과정에 있어 우리 조상이나 민족을 거론하기가 점점 더 어색해지고 있다는 느낌이다. 하지만 우리나라가 합중국은 아니지 않은가. 세계화 시대 개방과 포용은 수용하더라도 민족정신을 잃는 일은 없어야 한다. 김치가 냄새가 나면 외국인들 앞에서 안 먹는 것이 아니라 외국인들을 모두 먹게 만드는 것이 세계화의 방향이다. 정체성을 잃고 세계화의 물결에 휩쓸리면 우리는 유랑민족으로 전락하고 말 것이다.

우리는 천손이고 민족정신은 개천사상, 천손사상, 홍익사상이다. 천손이 무엇인가? 하늘의 뜻에 따라 살아가는 사람들이다. 하늘의 뜻을 알아야 따를 것 아닌가? 하늘의 뜻을 따르려면 공부해야 한다. 그래서 천손은 태어나서 죽을 때까지 공부해야 한다.

보통 사람들보다 더 하늘의 섭리를 연구하고 실천에 옮기려고 노력하는 사람을 우리는 '선비'라고 부르며 추앙했다. 사극에서 가장 멋있는 사람이 누군가. 천문을 보고 천기를 누설하는 도인 아닌가. '천벌'을 두려워하며 의로운 삶을 추구하다 보니 '가난한 선비'가 자연스럽게 우리 민족의 영원한 스타로 자리를 잡았다. 우리나라의 옛 그림에는 언제나 선비가 나온다. 그림에 나오는 낚시꾼은 단순한 어부가 아니라 세월을 낚는, 자연을 관조하는 선비이다. 한국인이라면 누구나 귀거래 후 누리고 싶은 '선비다운 삶'이 그림에 담겨 있는 것이다.

종교에서 성직자들이 공부해 일반 신도들에게 설명하는 것과 마찬가지로 선비들은 일반인들에게 자기가 깨달은 하늘의 섭리를 전달할 의무가 있다. 선비의 본분은 누가 뭐라 해도 공부하는 일일 것이다. 인간은 공부를 함으로써 더욱 귀하고 소중한 존재가 된다. 하늘의 섭리를 조금이라도 더 깨달으려고 노력하고 고뇌하는 모습 자체가 아름다운 것이다.

천문학자로서 나의 전공은 블랙홀 천체물리학인데 항상 능력의 한계를 느낀다. 하지만 고통 끝에 모르는 것을 새로 알게 되면 그 즐거움이란 말로 표현하기가 힘들다. 선비는 자기가 깨달은 우주의 메시지를 다른 사람들이 이해 못해 괴로워하는 것을 보면, 그 고통을 잘 이해하기 때문에 쉽게 가르쳐주고 싶어진다. 따라서 자기가 이해하지 못하는 것을 알고 있는 다른 사람은 인종, 성별, 종교를 떠나 존경하게 된다. 그리하여 몸가짐을 더욱 조심하게 되고 겸손이 몸에 배게 된다. 그러므로 선비다운 생활을 하다 보면 자연스럽게 좋은 사람들을 만나게 된다. 선비는 선비를 알아보는 것이다. 이것이 바로 선비의 세계이다.

우리 한국 사람들은 남이 술을 따라주기 전에는 절대 자기 잔을 스스로 채우지 않는다. 물론 자기가 마실 술을 차마 자기 잔에 따르지 못하는, 선비다운 정서에서 시작된 일이다. 그리하여 술잔을 돌리는 일이 생겼는데 비위생적인 것이 사실인 만큼 정서는 잊지 않더라도 개선해야 할 것이다.

우리 술 문화에는 '정이 깊은' 민족성도 크게 영향을 주고 있다. 예를 들어, 많이 사라지기는 했지만, 우리는 아직도 술을 마시면 한 번에 끝내는 일이 드물다. 기어이 2차, 3차까지는 가야 비로소 헤어질 준비를 하는 것이다. 그러나 이러한 특성도 비합리적이라고 보거나 수치스럽다고 생각하기 이전에 우리의 전통적 음주 문화를 이해할 필요가 있다.

서양의 술은 오크통에 보관하면서 먹고 싶을 때 조금씩 따라서 먹을 수 있다. 그러나 우리나라 술은 전통적으로 담그는 것이기 때문에 익으면 하루 이틀 안으로 마시지 않으면 쉰다. 그래서 아는 사람들을 모두 불러 모아 독이 빌 때까지 마시는 것이 우리의 음주 문화로 정착됐다. 어디 아는 사람뿐인가. 지나가는 나그네까지 "자네 이리 와서 한잔 하게" 하며 술을 나누는 것이 우리의 정서로 자리매김한 것이다. 이것이 남아 2차, 3차로 둔갑한 것이다.

대한민국 국군은 하늘의 군대다

스포츠나 국방은 승패가 극명히 드러난다는 공통점이 있다. 예나 지금이나 전쟁에서도 정신의 힘은 절대적인 것이다. 국방 차원에서는 어떤 신무기보다 실제로 전쟁에 참여하는 군인들의 정신전력이 더욱 중요할 수밖에 없다. 하지만 최근 내가 만난 장군들은 정신교육이 정말 어렵다고 실토했다.

옛날에는 대한민국 남자치고 효자나 애국자 아닌 사람이 없었다. 목숨을 바쳐 '조국'을 지키는 것을 당연한 것으로 여겼다. 하지만 국기에 대한 경례 글에서조차 조국이 빠진 지 이미 오래됐다. 이제 조국이라는 말은 일상생활에서 듣기가 쉽지 않다. 다문화 가정이 늘어나서 그런지 국기에 대한 경례 글에서 '민족'이라는 말도 사라졌다.

'조국과 민족'이 사라진 우리 현실에서 장병들이 용병처럼 생각하고 행동한다고 장군들은 말했다. '연봉이 얼만데 내가 왜 이 나라를 위해 죽어야 하지?' 따지기 시작하면 그 군대는 전쟁에서 이길 수 없다. 이는 정말로 심각한 문제다. 생각해보라. 우리 공군 조종사는 전쟁 발발 후 5분 안에 전사할 수도 있다.

그래서 미국 같은 다민족국가에서는 이등병이 순직해도 조총을 발사하고 관을 덮고 있던 성조기를 접어 유가족에게 주는 것이다. 2차 대전에 참여한 베테랑들이 비행기에 타면 기장이 일일이 호명해 박수를 받게 만들기도 한다. 이제 우리나라도 '거저먹던' 애국분야에 새로 다양한 투자를 해야 한다. 특히 군인이 유사시 나라를 지키기 위해 서슴없이 목숨을 바칠 수 있는 정신전력의 뿌리를 깊이 내리고 교육을 대폭 강화해야 한다.

그 해답을 고구려의 강이식 장군으로부터 찾을 수 있다. SBS 연속극 '연개소문'을 보면 강이식 장군이 유약한 영류왕에게, 책봉은 받더라도 책력은 받아오지 말 것을 상소하는 장면이 여러 차례 나온다. 나라가 힘이 약하면 외교적으로 책봉을 받을 수 있지만 천손인 우리가 하늘의 법칙인 책력을 받아 올 수는 없다 — 이런 소신이다. 영류왕이 상소를 받아들이지 않자 강이식 장군은 식음을 전폐하고 죽음을 택한다. 강 장군은 목숨을 바쳐 천손의 자존심을 지켰던 것이다.

바로 이것이다. 천손의 역사를 똑바로 교육해서 우리나라가 존귀하고 위엄 있는 나라, 유구한 역사와 문화를 간직한 나라,

목숨 바쳐 지켜야 할 가치가 있는 나라라는 사실을 평소 국군장병 가슴에 깊이 새겨야 한다. 이 '개천혁명' 책이 군 정신교육 부교재가 돼야 한다. 실제로 나는 이 책 내용의 일부를 현역 장군들 모임인 무궁화 회의에서 강의한 적 있다. 장군들은 깊은 관심을 가지고 많은 질문을 했다. 역시 강이식 장군의 후예들이었던 것이다.

대한민국 국군은 하늘의 군대다. 나는 전쟁기념관에서 북두칠성 군기를 5개나 발견했다. 실제로 천체가 그려진 군기를 사료에서 얼마든지 발견할 수 있다. '칠성부대'가 어느 날 갑자기 하늘에서 뚝 떨어진 것이 아니다. 한국천문연구원장 시절 나는 천안함 폭침 때 산화한 한주호 준위에게 소행성을 헌정하려 시도했으나 뜻을 이루지 못했다. 군인은 승인하지 않는 국제천문연맹 관행 때문이었다.

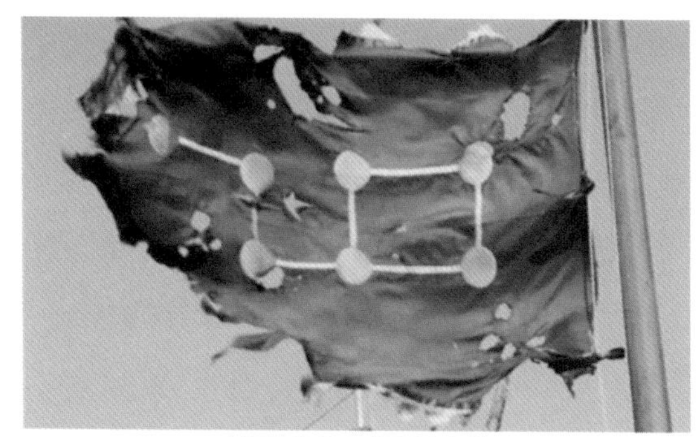

북두칠성 초요기(영화 '명량')

대한민국 대통령은 하늘이 내린다

대통령은 하늘이 점지한다. 따라서 대통령이 되려는 사람들은 모두 하늘을 가까이하고 두려워해야 한다. 옛날이라면 몰라도 21세기의 대한민국 대통령 얘기를 하면서 무슨 하늘 타령이냐 하는 독자가 많을 것 같아 예를 하나 들겠다.

노무현 대통령의 임기 마지막 해였던 2007년 정부가 8월 28일에 남북정상회담을 열겠다고 발표했다. 그런데 그날 공교롭게도 개기월식이 예고돼 있었다. 대통령이 휴전선을 넘어 북한으로 간 날 붉은 달이 뜨면 얼마나 말들이 많을까. 노무현 정부 때 한국천문연구원장을 맡고 있던 나는 적지 않게 걱정했다. 다행히 회담이 10월 4일로 연기돼 안도의 한숨을 내쉴 수 있었다.

크고 작은 국가의 행사를 위해서 택일할 때에는 반드시 옛날처럼 천문을 고려해야 한다. 예를 들어 저녁 때 금성이 달에 바

싹 접근해서 터키 국기처럼 아름다운 모습을 보여주는 날이 있다. 그런 날 야외행사를 열면 얼마나 분위기가 좋겠는가. 실제로 김영삼 대통령이 취임한 1993년 2월 25일에 달과 금성이 우연히 붙어 있었다. 하지만 그 상서로운 일을 취임식 관계자 어느 누구도 언급하지 않았다.

세종대왕은 중국에서 입수된 천문학을 가지고 우리 하늘에서 일어나는 천문현상을 정확히 예측할 수 없어 무척이나 가슴 아파했다. 하늘이 내린 임금이 어떻게 하늘을 모르는가. 대왕은 우리 역사를 통해 어느 임금도 하지 않은 고민을 혼자 했다. 실제로 세종대왕이 뙤약볕 아래 의관정제하고 일식을 기다렸다. 그런데 예고됐던 일식이 15분가량 늦게 일어나자 대왕은 천문대장에게 태형을 내렸다. 곤장을 맞은 천문대장의 볼기보다 평소 인자했던 대왕의 마음이 더 아팠을 것이다.

세종대왕 시절 일식 예보를 정확히 못한 것은 중국 하늘을 기술한 천문학이 조선 하늘에서 맞을 리가 없기 때문이었다. 동지때마다 사신이 새해의 천문정보를 중국으로부터 받아오는 것을 대왕은 못마땅하게 여겼다. 대왕은 결국 이순지 등을 시켜 아예 우리나라 고유책력을 편찬해버렸는데 이는 한글 창제 못지않은 대왕의 치적이다.

세종대왕의 큰 골칫거리는 중국 사신이었다. 사신 일행이 경복궁 안에 장영실이 설치한 천문관측 기구를 보고 감히 중국 천

KBS 연속극 '장영실'에 나온 소품들

자나 할 수 있는 일을 한다며 시비를 걸어올까 귀찮았던 것이다. 그래서 사신이 오면 그러한 기구들을 모두 분해해서 숨겼다고 전해진다. KBS 연속극 '장영실'은 당시 현황을 잘 묘사하고 있다. 이 연속극에서는 특히 한국천문연구원 김상혁 박사가 자문해 만든 정교한 기계들이 소품으로 많이 등장했다. 제작진의 노력이 돋보여 많은 호평을 받았다.

우리나라의 역사를 지켜온 천문대가 일제강점기 접어들면서 사라졌다. 천손의 나라에서 천문대 조직이 처음으로 소멸된 것이다. 그리고 해방 후 30년이 지난 1974년이 돼서야 박정희 대통령의 영단에 의해 과학기술처 국립천문대가 발족됐다. 무려 70년에 가까운 공백 끝에 우리나라 천문대의 맥이 다시 이어진 것이다. 메이지 일왕이 1888년에 발족시킨 일본국립천문대를 생각하면 정말 속상하다. 우리나라와 일본의 근대천문학 역사가 100년 가까이 차이가 나다니……. 일본에 천문학을 처음 전수한 사람이 백제의 관륵이었다는 사실을 생각하면 더욱 그렇다.

대한민국 대통령 중에서 최초로 천문관측기록을 남긴 사람은 이명박 대통령이다. 이 대통령은 각료들과 함께 2009년 7월 22일 부분일식을 관측했다. 국립중앙박물관에서 열린 국가브랜드 회의 도중 모두 밖으로 나갔던 것이다. 이명박 정부 들어서도 한국천문연구원장을 맡고 있던 나는 무척 기뻤다. 혹시 몰라서 청와대 과학기술비서관에게 일식 관측도구 수십 장을 맡겼던 작전이 적중했던 것이다.

일식을 관측하는 이명박 대통령(청와대 사진기자단)

남아공 월드컵 때 우루과이와 경기하던 2010년 6월 26일 저녁에 부분월식이 있었다. 붉은 악마들이 붉은 달 아래 모여 거리응원을 하는 환상적인 장면이 연출될 수 있었던 것이다. 하지만 그날 날씨가 흐리고 비가 오는 바람에 천문학 홍보를 위한 결정적 기회는 물거품이 됐다. 그날 밤 내가 얼마나 애석하게 느꼈는지 아마 아무도 모를 것이다.

이미 앞에서 설명한 바와 같이 한반도에서 달이 해를 완전히 가리는 개기일식은 2035년 9월 2일이나 돼야 일어난다. 문제는 평양에서 원산을 연결하는 고속도로 지역에서만 완벽한 개기일식을 볼 수 있다는 사실이다. 통일된 우리나라의 대통령은 그 일식을 볼 수 있으리라.

나는 왜 노래 '개천가'를 지었는가

개천이라는 말이 얼마나 국민과 거리가 멀면 '개천가'라는 노래도 없을까. 나는 해에 사는 삼족오와 달에 사는 두꺼비를 이용해 '개천가' 가사를 만들기 시작했다.

하늘이 열리고 태극이 춤추던 날
해와 달 내려와 오악을 비추네.
삼족오 높이 날아 해 품에 깃들고
두꺼비 높이 뛰어 달 속에 안겼네.

여기까지 무난했다. 달을 보면 두꺼비보다 토끼가 눈에 더 잘 띄지만 운율 때문에 두꺼비를 택했다. 실제로 옛날 유물을 보면 달에 두꺼비만 그려져 있는 경우도 많다. 높은 음으로 절정 부분을 아래와 같이 지었다.

환인, 환웅, 단군이여! 배달민족의 혼이여!
환인, 환웅, 단군이여! 백두산의 주인이여!

우리 배달민족의 가슴 속에 있는 산은 아무래도 백두산이다. 지금은 비록 북한과 중국이 점하고 있지만 언젠가는 우리 땅이 되리라.

북에는 북두칠성, 남에는 '땡땡땡땡',
하늘의 뜻을 따라 이 땅에 오셨네.

여기서 '땡땡땡땡' 부분은 당연히 '남두육성'이 된다. 남두육성은 여름철 남쪽 하늘에 뜨는데 일반인은 찾기 힘들다. 여기까지 무난히 1절이 완성됐다.

하늘이 열리고 태극이 춤추던 날
해와 달 내려와 오악을 비추네.
삼족오 높이 날아 해 품에 깃들고
두꺼비 높이 뛰어 달 속에 안겼네.
환인, 환웅, 단군이여! 배달민족의 혼이여!

환인, 환웅, 단군이여! 백두산의 주인이여!
북에는 북두칠성, 남에는 남두육성,
하늘의 뜻을 따라 이 땅에 오셨네.

'개천가'는 누구나 쉽게 곡을 외울 수 있도록 I - I' - II - I' 형태로 작곡됐다. 2절에 들어가 I - I' 부분은 연주로 이어가고 다시 절정 부분 II에 이르러 노래가 시작된다. 처음에는 28수를 이용해 아래와 같이 작사했다.

청룡백호 '땡땡'하고 주작현무 '땡땡'하니
천손이 나아갈 길 저 멀리 보이네.

물론 청룡, 백호, 주작, 현무는 단순히 동서남북의 순서다. 그런데 문제는 '땡땡' 부분이었다. 청룡백호가 뭘 '땡땡'하고 주작현무는 뭘 '땡땡'한다고 해야 할지 난감했다. 하지만 곧 사신도 중에서 하늘을 나는 것은 청룡과 주작이라는 점을 감안해 '청룡주작 비상하고'로 정했다. 나머지 백호와 현무는 '포효'라는 단어가 안성맞춤이었다. 백호와 현무가 최소한 울기는 할 것 아닌가. 그리하여 마지막 부분의 작사가 완결됐다.

청룡주작 비상하고 백호현무 포효하니

천손이 나아갈 길 저 멀리 보이네.

대한민국 용이 승천하는 개천혁명의 날이 오면 '개천가'는 드높게 울려 퍼지리라 의심치 않는다.

개천가

하늘이 열리고 태극이 춤추던 날,
해와 달 내려와 오악을 비추네.
삼족오 높이 날아 해 품에 깃들고,
두꺼비 높이 뛰어 달 속에 안겼네.
환인, 환웅, 단군이여! 배달민족의 혼이여!
환인, 환웅, 단군이여! 백두산의 주인이여!
북에는 북두칠성, 남에는 남두육성,
하늘의 뜻에 따라 이 땅에 오셨네.

환인, 환웅, 단군이여! 배달민족의 혼이여!
환인, 환웅, 단군이여! 백두산의 주인이여!
청룡주작 비상하고 백호현무 포효하니,
천손이 나아갈 길 저 멀리 보이네.

마침내 상생방송의 이재국 PD가 뮤직 비디오를 만들었다. 상생방송 이재국 PD는 이 분야를 잘 아는 사람이어서 명작을 만들었다. 비디오 맨 마지막 화면에 '국유형사유혼'을 넣은 것은 이 PD 작품이다. 이 뮤직 비디오는 상생방송 프로그램 사이사이 방송되고 있고 유튜브에서 '개천가'를 검색하면 바로 볼 수 있다.

뮤직비디오 첫 화면 해 속의 삼족오

달 속의 두꺼비 구월산 삼성사에 모셔진 환인, 환웅, 단군 초상

뮤직비디오 마지막 화면

앞에서 언급한 바와 같이 '개천가'는 누구나 쉽게 곡을 외울 수 있도록 I - I' - II - I' 형태로 작곡됐다. 하지만 화음은 단순하지 않아서, 예를 들어 C장조로 연주되는 경우 으뜸화음 C 코드, 딸림화음 G7 코드, 버금딸림화음 F 코드 이외에도 D7 코드와 Em 코드가 추가돼 감성을 살렸다. 처음에는 느리게 시작되지만 나중에 경쾌하고 빠른 박자로 바뀌어 젊은이들이 캠프 노래로 불러도 손색없게 편곡됐다. 뮤직 비디오의 음악은 한동안 내가 리드했던 '닥터 블랙홀 & 프렌즈' 밴드가 녹음했다. 노래는 드럼을 치는 신종철이 불렀고 기타는 장진성과 나, 키보드는 서원호, 베이스는 박세만이 맡았다.

안경전 종도사와 '환단고기 북 콘서트'를 마치고 기념 촬영하는 순간
방송차 화면에서 개천가가 시작되는 장면

제3부

우리 문화를 공부하고 홍익을 실천한다

우리 문화는 한마디로 찬란한 하늘의 문화다. 일단 개천 자체가 훌륭한 콘텐츠다. 천상열차분야지도는 세계에서 가장 오래된 석각천문도이고 첨성대 역시 세계에서 가장 오래된 천문대일 가능성이 높다. 아름다운 우리말과 우리글을 지키고 우리 문화를 되살려 한류로 전파하자. 우리나라는 천손의 후예답게 천문과 항공우주분야에서 발전을 거듭하고 있다. 4차 산업혁명의 자산도 결국 역사와 인재임을 깨달아야 한다. 대한민국 국민은 우리 문화를 제대로 공부해 이를 세계에 널리 알려 홍익을 실천해야 한다.

'개천문화' 자체가 훌륭한 콘텐츠다

평화를 사랑하면 전쟁을 준비하라는 말이 있다. 이와 마찬가지로 세계화를 추구하려면 먼저 우리나라의 정신, 국혼을 바로 세워야 한다.

이스라엘은 우호적이지 않은 이웃나라들로 둘러싸인 환경 속에서도 발전을 거듭하고 있다. 이는 이스라엘 국민들이 시오니즘과 같은 선민사상으로 무장돼 있기 때문이라고 얘기들 한다. 하지만 이스라엘의 경우에는 눈에 띄는 강대국이 주위에 없지 않은가.

나는 중국에 출장을 갔다가 중국 지도를 보고 옆구리에 붙어 있는 한반도가 정말 작다는 사실을 새삼 느꼈다. 조그만 한반도, 그나마 둘로 갈라져 남단만 차지하고 있는 것이 바로 우리 대한민국이었다. 어지간한 중국의 성 하나보다 작은 우리나라가 여러 분야에서 중국과 당당하게 겨루고 있다는 사실이 자랑스럽게만 느껴졌다.

우리는 어떻게 중국, 일본, 러시아 같은 강대국들 틈바구니 속에서 나라를 지켜왔을까? 이스라엘의 선민사상에 해당되는 우리 국혼은 무엇일까? 앞에서 사분오열된 이 나라를 다시 뭉치게 만들어 줄 국혼은 개천사상, 천손사상, 홍익사상뿐이라고 이미 설명한 바 있다. 천손사상은 우리의 선민사상이기도 하다.

개천을 우리 스토리, 우리 콘텐츠, 우리 대서사시로 바꿔보자. 배달 첫 환웅은 백두산 신단수 아래에서 개천을 외쳤을 것이다. 그 다음 3천 천손의 만세소리로 백두산이 진동하는 가운에 도읍지 신시를 향한 행진이 이어졌을 것이다.

앞장선 천황의 마차 바로 뒤에서 풍백은 천부인 거울을 들고 따라가고, 우사는 천부인 방울을 울리면서 걷고, 운사는 1백 명의 근위대와 함께 천부인 검을 들고 천황을 호위한다. 그 뒤를 관리들과 3천 백성이 행진했을 것이다. 자세한 내용은 소설 '개천기'를 참고하기 바란다.

신시 중앙광장 솟대 아래에서는 칠선녀가 녹도문자로 적힌 커다란 천부경을 들고 있다. 지손들이 엎드려 있는데 호랑이 부족은 야만적인 복장을 하고 있는 반면 황후가 이끄는 곰 부족은 모두 좋은 옷을 입고 있다. 광장에 도착한 천황이 황후와 합류하면 공식행사가 끝난다. 이후 온 백성이 며칠 동안 먹고 마시며 '개천축제'를 즐겼을 것이다. 밤이 돼도 신시는 횃불로 불야성을 이루며 노래 소리에 파묻혔을 것이다…….

얼마나 신명나는가. 지금 우리에게 이렇게 신명나는 일이 있는가. 개천절을 계속 양력 10월 3일로 기념할 방침이라면 10월 1일 국군의 날부터 10월 9일 한글날까지 '개천축제'를 열었으면 좋겠다. 개천절과 한글날이 공휴일이고 주말이 반드시 포함될 테니 큰 문제는 없을 것이다. 축제는 학술, 예술, 체육…… 등 모든 분야를 총망라해야 한다. 특히 태호복희와 치우천자 같은 배달의 영웅들을 재조명해야 한다.

국학원의 개천절 행사 광경

어차피 연중 가장 날씨가 좋은 이때 전국의 크고 작은 축제가 모두 몰려 있지 않은가. 호국의 간성인 국군과 우리 문화의 자랑인 한글을 기리는 날이 각각 10월 1일과 10월 9일이고 그 간격이 9일인 것은 '하늘의 뜻'이다. 그 축제 동안만은 국민들이 고단한 삶을 잠시 잊고 신명나게 놀다가 쓰러지도록 만들자.

개천축제의 하이라이트는 당연히 천제라야 한다. 태곳적부터 우리 민족은 둥근 천단에서 천제를 지내왔다. 이것은 이미 앞에서 설명한 '하늘은 둥글고 땅은 방정하다'는 우주관에서 비롯된 것이다. 단군조선 때 만들어진 강화도 마리산의 참성단부터 고종 황제가 만든 환구단까지 일맥상통하게 이어져 내려온 양식이다. 참성단은 오히려 네모난 어머니 땅을 둥근 아버지 하늘보다 더 높이 두는 파격을 보인다.

'개천문화' 자체가 우리의 훌륭한 콘텐츠라는 사실을 깨달아야 한다. 개천을 품은 예술은 품격부터 달라진다. 개천문화의 중요성을

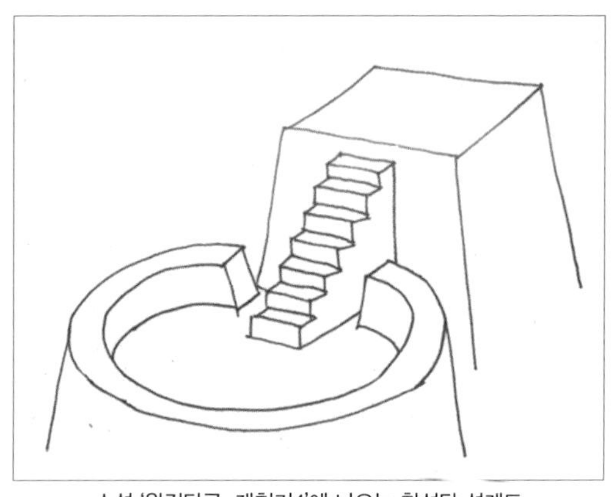

소설 '왕검단군–개천기4'에 나오는 참성단 설계도

먼저 인지한 예술인들에 의해 그 진가가 하나씩 드러나고 있는 중이다. 머지않아 개천문화는 활짝 꽃을 피울 것이다.

개천무 중 한 장면(무용가 김은진)

천상열차분야지도는 세계 최고 천문석각도다

대표적인 '땅의 지도' 대동여지도는 김정호가 어떤 고생을 해서 만들었는지 모르는 국민이 없다. 하지만 대표적인 '하늘의 지도' 천상열차분야지도에 대해서는 대부분의 국민이 모르는 것 같아 늘 가슴이 아팠다. 그런데 만 원 지폐 뒷면에 천상열차분야지도가 들어가면서 이런 고민은 어느 정도 해소됐다. 만 원 지폐 뒷면 왼쪽에는 국보 230호인 혼천의가, 오른쪽에는 한국천문연구원 보현산천문대 1.8m 광학망원경이 소개돼 있다. 그리고 가운데 바탕에는 국보 228호 천상열차분야지도가 깔려 있다. 참고로 국보 229호는 자격루다.

1392년 고려를 무너트리고 새로 조선을 건국한 태조 이성계는 백성들이 이를 하늘의 뜻으로 받아들여주기 바랐다. 그러던 중 고구려 성좌도 탁본을 얻게 되자 그는 뛸 듯이 기뻐하며 이를 돌

만 원 지폐 뒷면

에 새길 것을 명한다. 그리하여 태조 4년, 즉 1395년에 완성하니 이것이 현재 경복궁에 보존되고 있는 국보 제228호 천상열차분야지도이다. 나중에 만들어진 세종본과 숙종본이 더 있는데 앞엣것은 전해지지 않고 뒤엣것은 보물 837호로 지정됐다.

천상열차분야지도를 만들기 위해 개국공신 권근은 글을 짓고 류방택은 천문계산을 했으며 설경수는 글씨를 썼노라고 비문에 적혀있다. 글을 짓고 글씨를 쓰는 일은 선비라면 누구나 할 수 있었지만 고구려 탁본을 바탕으로 그동안 모양이 변한 별자리를 보정하는 일은 아무나 할 수 없었다. 그러므로 천상열차분야지도를 만드는 과정에서 류방택의 공이 결정적이었다고 해도 과언은 아니다. 고려 말 천문대장이었던 금헌 류방택은 태조 측으로부터 협박을 받아 이 일을 했던 것으로 기록돼 있다.

한국천문연구원 세종홀 중앙의 천상열차분야지도 복제본

천상열차분야지도는 1247년에 만들어진 중국의 순우천문도의 뒤를 이어 세계에서 두 번째로 오래된 석각천문도이다. 하지만 천상열차분야지도의 별자리들은 순우천문도의 그것들과 모양이 다른 것이 많아 연관이 없어 보인다. 결정적 사실은 천상열차분야지도 오른쪽 아래 부분에 '당초 조선태조에게 바쳐진 탁본의 고구려 원본이 평양성에 있었는데 전란 중 강에 빠졌다'라고 새겨져 있다는 점이다. 즉 그 원본은 순우천문도보다 최소한 7백 년 전에 만들어졌다는 사실을 깨닫게 된다!

천상열차분야지도 원본은 광개토태왕비 못지않은 우리 문화

유산이다. 왜냐하면 광개토태왕비가 우리 민족의 힘을 보여준 것이라면 그것은 우리 민족의 문화를 보여주기 때문이다. 우리가 천손이라는 사실을 증명해주는 귀중한 문화재다. 비문의 평양성이 현재의 평양인지는 확실하지 않다. 대동강을 샅샅이 뒤져보면 이에 대한 해답도 얻을지도 모른다.

류방택은 멸문지화를 면했지만 고려의 신하로서 조선 건국에 결정적 역할을 한 것에 대해 몹시 자책했다. 그리하여 그는 계룡산에서 고려 말 충신들에게 제를 지내게 됐고 이것이 효시가 되어 동학사의 '삼은각'이 세워졌다고 한다. 류방택은 정작 자신의 무덤에 비석을 남기지 말라고 유언하는 등 아무 것도 남기지 않

계룡산 동학사의 홍살문

았다. 호가 '은'으로 끝나는 고려의 세 신하, 즉 야은 길재, 목은 이색, 포은 정몽주를 기리는 사당이 바로 삼은각이다. 계룡산에는 삼은각 이외에도 수많은 충신들이 모셔져 있다. 즉 계룡산은 '귀신의 산'인 것이다. 그래서 계룡산 동학사는 다른 절들과 달리 홍살문을 가지고 있다.

금헌류방택기념사업회 김현구 전 회장과 류재곤 현 회장 등은 류방택을 널리 알리기 위해 최선을 다했다. 류방택의 초상을 복원하는 사업도 추진됐다. 조용진 얼굴연구소장은 류방택의 후손인 서산 류씨 100명의 얼굴을 치밀하게 분석한 끝에 공통 인자를 찾아내 초상을 복원할 수 있었다. 동양화임에도 불구하고 해부학적인 얼굴을 가진 이 초상은 명작으로 손꼽히고 있다.

복원된 금헌 류방택의 초상(조용진 소장)

금헌류방택기념사업회는 2006년부터 류방택 별

MBC 연속극 '대장금'에 등장한 천상열차분야지도

축제를 매년 실시하고 있다. 한국천문연구원은 류방택의 업적을 기리고자 보현산천문대에서 발견한 소행성의 이름을 '류방택'으로 명명하고 첫 별 축제에서 기증행사를 가졌다. 특히 2007년 대전 KBS 이애란 PD는 창작뮤지컬 '류방택 별을 보았네'를 제작해 호평을 받았다. 이러한 노력이 이어진 끝에 서산시는 2010년 류방택 천문기상과학관을 준공하기에 이른다. 류방택을 기리는 사업은 계속 이어질 전망이다.

첨성대는 세계 최고 천문대다

경주 첨성대를 자세히 살펴보자. 창문을 기준으로 위쪽과 아래쪽으로 각각 12단의 돌이 쌓여있다. 돌의 개수는 창문틀의 돌을 포함하든 안 하든 360개 근처다. 그냥 돌을 쌓다보니까 위아래로 12단이 되고 돌이 360개 근처가 됐을까? 당연히 그렇지 않다. 첨성대는 우리 조상님들이 처음부터 정확하게 '우주의 암호'를 토대로 만든 '우주의 상징'이다. 이처럼 하늘을 아는 눈으로 보면 조상님들의 통찰력도 깨닫게 된다. 이런 관점에서 보면 사람이 첨성대 꼭대기에 올라가서 별을 봤든 창문을 통해서 봤든 무엇이 중요하겠는가.

우리가 습관적으로 첨성대를 '동양 최고 천문대'라고 하는데 내 생각으로는 '세계 최고 천문대'가 확실한 것 같다. 그동안 영국의 스톤헨지 같은 유적들 때문에 '세계 최고'란 말을 함부로 하

첨성대(한국천문연구원 이동주)

지 못했다. 하지만 최근 밝혀진 여러 정황들을 고려하면 다른 유적들은 천문대가 아니었던 것으로 보인다. 따라서 첨성대의 위상에 대한 연구를 서둘러 진행해야 한다고 믿는다. 이제 때가 됐다. 경주의 유적 중 첨성대는 단연 돋보인다. 훌륭한 사찰이나 불상은 다른 나라에도 있다. 하지만 천문대는 없는 것이다! 세계적 시각에서 보면 첨성대는 경주의 가장 빛나는 문화유산이 될

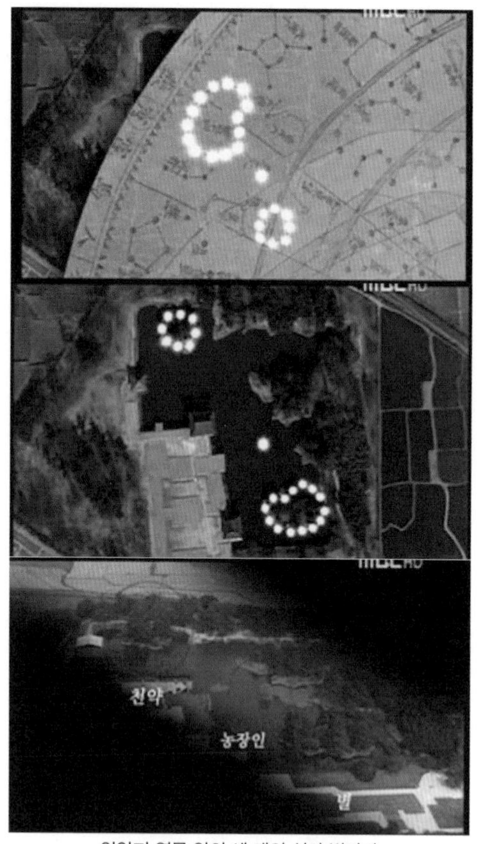

안압지 연못 안의 세 개의 섬과 별자리

수밖에 없다.

경주가 천문도에 근거를 둬 디자인됐다는 획기적 주장이 2009년 울산 MBC 다큐멘터리 '첨성대 별기'로 소개됐다. 이용환 PD는 천상열차분야지도와 경주의 모습을 비교하면서 여러 가지 유사점을 발견했다고 주장했다. 예를 들어 안압지 연못 안의 세 개의 섬은 별자리 별, 농장인, 천약과 모양과 위치가 같을 뿐만 아니라 이름까지 물과 관련이 있다는 것이다.

나는 일찍부터 경주에 커다란 '천문역사공원'을 만드는 일에 관심을 가지고 있었다. '천문공원'이나 '역사공원'은 많지만 '천문역사공원'은 세계 어디에도 없다. 그리하여 내가 한국천문연구원장을 맡고 있던 2010년 나는 '첨성대천문과학관 조성사업 타당성 조사 및 기본계획'이라는 정책연구과제를 시행해 자세한 보고서를 작성한 바 있다. 당시 경주시는 MBC 연속극 '선덕여왕'의 성공에 부응해 천문역사공원 조성 문제에 깊은 관심을 보였다.

경주시는 우선 북두칠성의 개양성을 '경주의 별'로 선정하는 행사를 열었다. 만 원 지폐 뒷면을 자세히 보면 북두칠성이 있는데 끝에서 두 번째 별이 2개, 즉 쌍둥이임을 알 수 있다. '선덕여왕'에서는 이 별을 이용해서 쌍둥이 공주를 등장시켰던 것이다. '경주의 별' 선정 행사에 많은

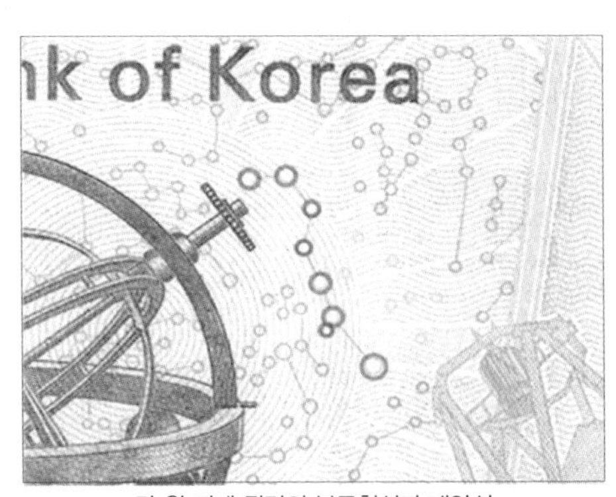

만 원 지폐 뒷면의 북두칠성과 개양성

시민들이 참석했고 당시 시장은 물론 도지사, '선덕여왕' 이요원 탤런트도 참가했다. 한국아마추어천문학회 경북지부 회원들이

경주 천문역사공원 정책연구과제 보고서 표지. 첨성대와 미국 LA 그리피스 시민천문대가 보인다.

'경주의 별' 선포 행사. 왼쪽에서 두 번째가 나

박제상이 일본으로 떠난 곳으로 알려진 경주 해변

별 축제까지 주최해 분위기가 한껏 고조됐었다. 하지만 시장이 바뀌는 등 여러 가지 이유로 결국 흐지부지되고 말았다.

나는 지금도 늦지 않았다고 생각한다. 천문역사공원은 '세계 최고' 첨성대를 보유한 경주시의 위상을 세계적으로 높여줄 것이라고 믿는다. 볼거리가 낮에는 많지만 밤에는 드문 경주의 약점도 보강해주면서 새로운 명소로 자리 잡을 수 있을 것이다. 수학여행 때문에 어차피 경주를 찾게 되는 학생들에게도 더욱 좋은 추억거리를 제공하게 될 것이다. '부도지'를 쓴 박제상이 일본으로 떠난 해안도 문무왕 수중릉과 주상절리로 유명한 해안으로 최근 밝혀졌다고 한다. 이것이 사실이라면 경주보다 더 나은 천문역사공원 요건을 갖춘 도시는 세계 어디에도 없다고 단언한다.

고종황제의 가르침을 되새기자

1919년 1월 22일은 고종황제 서거일이다. 고종이 돌아가시자 극에 달한 백성들의 슬픔은 3·1운동으로 이어졌던 것이다. 기우는 나라를 바로 세우려고 시도했던 고종의 눈물겨운 노력들은 제대로 평가받아야 한다. 고종은 1897년 국호를 대한제국으로 선포하고 천제, 즉 하늘의 제사를 지냈다. 천제는 대표적인 천손의 행사로서 태곳적부터 이어져 내려왔다. 부여의 '영고', 고구려의 '동맹', 동예의 '무천' 등이 대표적인 예다.

하지만 사대주의 색채가 짙어진 조선시대에 이르러 천제의 맥이 끊겼다. 위화도 회군 때문에 중국이라는 '큰집'이 생겼으니 '작은집'이 제를 지낼 수가 없게 된 것이다. 조선 왕조는 우리 민족이 대륙을 통치했다는 내용을 담은 역사책들을 수거하고 파기해 '큰집'에 예의를 다했다. 심지어 어떤 임금은 그런 역사책들을

서울 시청 방향 환구단 입구

가진 백성들을 사형에 처하기도 했다. 그때 사라진 역사책들의 명단만 애처롭게 남아 있을 뿐이다.

고종황제는 무엇보다도 천제를 부활함으로써 중국 황제와 대등한 지위를 확보하려 했다. 고종이 천제를 지낸 환구단은 현재 사적 157호로 지정돼 서울시 중구 소공동에 일부가 남아 있다. 환구단은 원구단이라고도 하는데 하늘은 둥글고 땅은 네모졌다는 고대 우주관에서 비롯됐다. 이처럼 둥근 천단에서 천제를 지낸 흔적은 놀랍게도 홍산 문명 유적지에도 남아 있다. 천제는 오늘날 강화도 참성단 행사, 태백산 개천행사, 민족종교들의 자체 행사 등으로 겨우 맥을 이어가고 있다.

환구단을 가보면 '황성옛터'가 따로 없다는 사실을 깨닫게 된

마지막 남은 환구단 건물

환구단의 원래 모습

다. 일제가 건물들을 허물고 그 자리에 철도호텔을 지어버렸기 때문이다. 그 철도호텔이 오늘날 조선호텔이 됐다. 이제는 달랑

건물 하나 남아 있고 담장도 없는데 안내문을 읽은 외국 관광객들이 무슨 생각을 할지 궁금하다.

고종황제는 나라 이름을 '대한제국'으로 바꿨다. 덕분에 후손들은 '제'를 '민'으로 바꿔 '대한민국'이라는 훌륭한 이름을 가진 나라를 세운 것이다. 여기서 '대한'이란 말은 앞에서 이미 살펴본 바와 같이 단군조선이 넓은 영토를 마한, 번한, 진한으로 나눠 통치한 것에서 비롯된 말이다. 즉 '대한제국'이란 곧 '단군조선의 뒤를 잇는 황제의 나라'라는 뜻이다. 식민사학의 바이러스에 감염된 사람들이 고종도 '국뽕'이자 '환빠'였다고 흉볼까 겁난다.

고종황제만 해도 '반도사관'에서 벗어나 '대한사관'을 심기 위해 노력했다는 사실을 깨닫게 된다. 또한 고종은 태호복희의 팔괘 태극기를 조선의 국기로 정하는 총명함도 지녔다. 고종의 가르침을 받들어 박영효 수신사는 최초로 태극기를 들고 외국으로 나가게 됐던 것이다. 그래서 '태극전사'는 우리 선수가 됐고 '태극날개'는 우리 국적기가 된 것이다. 이 모두 고종 덕분이 아니고 무엇이겠는가.

화성을 연구하던 미국의 천문학자 로웰이 19세기 말 조선을 방문했다. 조선은 한자로 '朝鮮'이니 글자 그대로 아침이 아름다운 나라란 뜻이다. 로웰도 안개 속의 초가집들을 보고 조선을 '조용한 아침의 나라', 영어로 'The Land of Morning Calm'으로 표현했다. 많은 사람들이 이 말을 인도의 타고르가 한 것으로 오해하는 것 같다. 타고르는 우리나라를 'The Lamp of the East', 즉 '동방의 등불'이라고 했다. 로웰이 미국에서 1885년에 저서 '조용한 아침의 나라'를 출판하면서 우리나라의 별명이 됐다. 국내 항공사 잡지의 이름 'Morning Calm' 역시 이것에서 비롯된 것이다. 지금은 고인이 된 원로 천문학자 조경철 박사가 그 책을 번역했다. 그는 로웰 천문대의 창고에서 대한제국 고종 황제 사진을 발견해 대서특필되기도 했다.

우리가 당연한 듯이 사용하고 있는 책력의 관련법령도 고종의 1895년 태양력 채택 칙령이 마지막이었다. 이후 100년도 더 지나 마침내 2010년 7월 2일 대한민국 국회가 '천문법'을 공포하면서 고종 시대 수준으로 돌아간 것이다. 믿거나 말거나 이렇게 중요한 책력의 운용에 대한 관련 법규가 무려 100년이 넘도록 우리나라에 없었다. 개인이 마음대로 달력을 만들어 배포해도 규제할 법적 근거가 없었다는 말이다. 고종황제가 1895년에 내린 양력채택 칙령이 우리나라의 마지막 천문법이었다.

실제로 2006년 음력 1월 일부 휴대폰에 설날이 양력 1월 29일이 아니라 30일로 잘못 표기된 적이 있었다. 2006년 음력 1월에 출생한 아이가 있는 집은 사주를 다시 체크해보기 바란다. 예를 들어, 양력 2월 10일은 음력 1월 13일이 옳은데도 불구하고 1월 12일로 잘못 알 수 있다. 사주가 하루나 틀리다는 것이 말이 되는가. 다행히 잘못된 경우도 양력 2월 28일이 음력 2월 1일로 바로 잡히면서 문제는 사라졌다.

당시 한국천문연구원장으로 있던 나는 이를 중시하고 연말연시에 적극적으로 홍보해 '사태'를 예방했다. 그러지 않았으면 해당 이동통신사는 엄청난 피해를 입었을 것이다. 이런 일을 계기로 나는 나라의 근본이 되는 천문관련 법률을 만들고자 했다.

우리 한국천문연구원의 노력은 결실이 있었다. 대한민국 국회에서 박영아 국회의원이 주축이 돼 '천문법'을 발의하고 마침내 2010년 7월 2일 공포되기에 이르렀다. 무려 115년 만에 천문법이 부활한 것이다! 이제 음력을 없앤다거나 하는 일은 이 법을 수정하지 않고서는 불가능하다. 천문법은 '윤초'의 근거를 마련하는 등 나라의 기본이 되는 시간과 공간에 대한 법률로 자리매김했다.

현재 우리 책력에서 설날이나 추석 연휴, 어린이날이 공휴일과 겹치면 다음 평일을 대체공휴일로 하고 있다. 하지만 1월 1일, 석가탄신일, 현충일, 광복절, 개천절, 한글날, 성탄절 등은 대체 공휴일 제도를 적용하지 않는다. 새해에는 추석 연휴에 대체공휴일이 적용된다. 이런 자료는 한국천문연구원 홈페이지나 '역서'에서 확인할 수 있다. 역서란 한국천문연구원이 발행하는 우리나라의 공식 책력이다. 해와 달을 담당한 천문기관이 책력을 발표하는 것은 독립국가의 기본요건이다.

사족 하나, 연말연시가 되면 1월 1일 우리나라 어디에서 해가

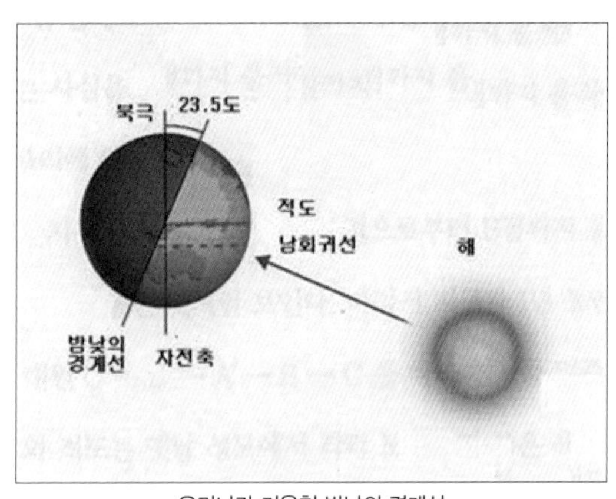

우리나라 겨울철 밤낮의 경계선

제일 먼저 뜨는지 묻는 사람들이 많다. 지구표면에서 햇빛을 받는 쪽은 낮이 되고 어두운 반대쪽은 밤이 된다. 낮과 밤의 경계선은 동쪽에서 서쪽으로 이동한다. 이는 물론 지구가 서쪽에서 동쪽으로 자전하기 때문이다. 따라서 동쪽일수록 천체가 먼저 뜨게 된다.

우리나라에서 매년 1월 1일 일출을 가장 먼저 볼 수 있는 곳은 당연히 독도다. 그런데 지구의 자전축이 공전궤도면에 대해 23.5도 기울어져 있기 때문에 낮과 밤의 경계선은 계절에 따라 변한다. 겨울에는 낮과 밤의 경계선이 북북동 방향과 남남서 방향을 잇는 선이 된다. 그래서 도서지역을 제외하면 가장 동쪽에 있는 포항 지역보다 울산 지역 일출이 조금 더 빠르다.

아름다운 우리말과 우리글을 지켜야 한다

나는 대중강연을 할 때 절대로 영어를 섞어 말하지 않는다. 일국의 천문대장이었던 사람이 자기 나라 말로 우주를 설명하지 못하면 문화국가라고 할 수 있는가. 외래어이기 때문에 할 수 없이 사용하거나 어휘로서 소개하는 경우 이외에는 절대로 영어를 섞지 않는다. 하지만 이것도 무수한 연습 끝에 겨우 가능하게 됐다. 그리고 해, 달, 별…… 같은 말들이 살아 있는 덕분이기도 하다.

그러나 나도, 예를 들어 천문학을 전공하는 대학 3학년 학생들 수업에 들어가면 우리말로 강의하지 못한다. 결국 "……이 인터스텔라 클라우드는 옵티칼리 씩하고 싱크로트론 라디에이션이 도미넌트해서 포톤들은 대부분 폴라라이즈 돼 있습니다……" 같이 강의를 하게 되는데, 이 경우에는 한마디도 더듬지 않는다. 즉 "……This interstellar cloud is optically thick, and the photons are polarized because the synchrotron radiation is dominant……" 부분을 우리말로 강의한 것이다.

내가 느끼기에 이러한 문제는 비단 천문학 분야에만 국한되는 것이 아니라 모든 분야에 다 해당되는 것 같다. 어떤 분야는 이미 돌이킬 수 없는 지경에 이른 것 같다. 물론 미국 프로야구를 영어를 섞지 않고 중계하는 일은 불가능하다. 하지만 충분히 우리말을 사용해도 되는 분야에서 사람들이 자기의 영어 실력이나 전문성을 뽐내기 위해 그러는 것이 문제다. TV를 보면 많은 사람들이 '나도 [r] 발음 잘한다는 걸 보여줘야지' 같은 강박관념에 사로잡혀 있다. 그러다 보니 TV 광고 끝마다 '본토발음'을 달지 않으면 무언가 이상하게 느낄 지경까지 오게 됐다.

물론 그런 식으로 강의하는 것이 나중에 영어로 이야기할 때 도움이 돼 세계화에 유리할 수도 있겠다. 그러나 교육을 위해서라면 나는 절대로 이런 식으로 강의해서는 안 된다고 생각한다. 비록 많은 한자어가 섞여 있다고 하더라도, 앞에서 든 예의 경우도 "……이 성간 구름은 광학적으로 불투명하고 싱크로트론 복사가 주도해 대부분의 광자들은 편광이 되어 있습니다……" 같이 최대한 우리말과 외래어로 바꿔 강의해야 한다고 믿는다. 모국어로 강의할 수 없는 분야에서는 '9단'이 나올 수 없다는 것이 나의 생각이다.

가르치는 사람은 다소 불편하더라도 스스로 연습해 최대한 우리말로 강의를 해야 하고, 영어로만 실시되는 강의가 병행되어야 한다고 생각한다. 우리말로 강의하려면 100% 우리말로 하고, 영어로 강의하려면 100% 영어로 강의해야지 섞어서 하지 말라는 뜻이다. 현재와 같은 풍조가 계속 이어지면 과학기술은 영원히 우리 것이 될 수가 없다. 만일 '과학기술의 신'이 있다면 왠지 백인의 모습을 하고 영어를 말할 것 같지 않은가?

과학기술의 신이 우리 할아버지나 할머니 같은 모습을 하고 우리말을 할 것 같이 생각될 때 진정한 우리 과학기술이 자리매김할 수 있는 것이다. 이를 위해 나는 어린이 과학 잡지에 '우주

신령과 제자들' 만화를 직접 그려서 연재한 적도 있었다. 만화에서 우주신령은 우주의 구조와 진화를, 꽁생원 같은 은하신령은 별과 은하의 세계를, '맹구' 같은 지구신령은 지구와 태양계를 관장한다. 이들로부터 초신성, 블랙홀, 빅뱅 같은 단어들을 배우는 아이들에게 우주는 우리 것으로 다가갈 수 있지 않을까. 이 우주학당 얘기는 졸저 '블랙홀박사의 우주이야기'에서 만날 수 있다.

교육이 능숙한 모국어로 이루어져야 한다고 내가 철석같이 믿는 또 다른 이유는 짧지 않은 미국 유학 생활을 하면서 뼈저리게 느낀 바가 있기 때문이다. 예를 들어, '글루온'이라는 소립자의 예를 들겠다. 이 입자는 대학에서 물리학을 전공하는 학생들도 이름 한번 듣기 힘든, 대학원 입자물리학 강의에서나 등장하는 것이다. 이 입자는 소립자 세계에서 다른 입자들을 서로 붙여주는, '끈적끈적한' 역할을 맡는다. 만일 영어로 이 입자에 대해 강의를 듣는다면 영어가 모국어인 학생은 '글루'가 풀을 의미하기 때문에 이름을 듣는 순간 그 입자의 역할까지 짐작하면서 그 다음 강의에 귀를 기울이게 된다.

그러나 우리 유학생들은 그렇지 못하고 강의를 들으면서 우선 그 단어를 익히기에 바쁘므로, 벌써 여기서 커다란 차이가 발생한다. 이러한 차이가 축적되면 입자물리학 같은 첨단 분야에서 우리 유학생들은 뒤떨어질 수밖에 없다. 그 차이를 메워나가려면 영어를 모국어로 하는 학생이 한 시간 공부할 때 우리는 두 시간, 세 시간 공부해야 한다. 수많은 유학생들이 이렇게 피나는 노력 끝에 살아남은 것이다.

교육이라는 것이 무엇인가. 가르치는 사람이 언어나 수식을 이용해 배우는 사람에게 개념을 전달하는 것이다. 그것을 모국어로 배우지 못하는 사람의 손해란 이루 말할 수 없는 것이다. 더구나 언어라는 것이 얼마나 정교하고 미묘한 것인가. 우리나라에서 십 년을 넘게 산 외국인들도, 예를 들어, 똑같이 파란색을 형용하는 말들, '푸르스름하다', '시퍼렇다', '푸릇푸릇하다' 등을 정확히 구분해 사용하지 못한다. 영어 때문에 엄청난 고생을 하는 우리로서는 통쾌한(?) 일이기도 하다.

오히려 세계화가 진행될수록 교육은 더 완벽하게 우리말로 실시되어야 하고, 그것이 가능하도록 노력해야 한다. 우리말과 우리글을 갈고닦아서 발전하는 세계 문화에 동참해야 한다. 모든 분야에서 부지런히 우리 어휘들을 늘려가야 한다. 그것이 진정한 세계화를 이루는 길이라고 믿는다. 세계화됐다고 우리가 김치를 안 먹고 살 수 있는가. 오히려 더 많은 외국인들이 김치를 먹게 만드는 것이 세계화가 아닐까.

우리 어휘를 늘려 가르쳐야 하지만 학자라고 고집만 부려서도 안 된다. 예를 들어 비행기를 '날틀'로 바꾸는 식은 바람직하지 않다고 본다. 나는 1990년대 초반까지만 해도 블랙홀을 '검은 구멍'이라고 부르기로 하고 실제로 '스티븐 호킹의 새로운 검은 구멍'이라는 책도 냈었다. 하지만 블랙홀이란 말이 이미 너무 퍼져 버린 것을 인정하지 않을 수 없었다. 그런데다가 내 책 제목을 보고 어떤 사람이 "아니, 호킹이 그 몸에 또 구멍이 생겼어요? 이제 정말 얼마 못 살겠네!" 하는 것을 보고 더 이상 검은 구멍이라는 말을 쓰지 않게 됐다. 그래서 개정판을 낼 때 '스티븐 호킹의 새로운 블랙홀'로 제목을 바꿀 수밖에 없었다.

민초들의 고단한 삶 속에서 영롱한 이슬처럼 맺힌 흘러간 옛 노래들은 한마디로 '민족의 영혼'이라고 말할 수 있다. 대중가요 가사들은 시나 소설만큼 문학으로 대접받지 못하지만 우리 정서를 오히려 더 잘 담아내고 있다. 나는 달이 등장하는 대중가요들을 조사한 적이 있었는데 그때 우리말이 정말 아름답다는 사실을 깨달았다.

'황성 옛터에 밤이 되니 월색만 고요해, 폐허에 서린 회포를 말하여 주노라. 아아 외로운 저 나그네 홀로 잠 못 이뤄, 구슬픈 벌레소리에 말없이 눈물져요…….' 달 밝은 밤 환구단에서 들은 '황성옛터'는 고종황제가 겪으신 고통을 말해줬다.

나는 어렸을 때 '강남달'이라는 노래를 참 좋아했다. '강남달이 밝아서 님이 놀던 곳, 구름 속에 그의 얼굴 가리워졌네. 물망초 핀 언덕에 외로이 서서, 물에 뜬 이 한 밤을 홀로 새울까……' 여기 '강남'은 '강남 스타일'의 그것이 아니다.

'전선야곡'은 우리 가슴을 저미게 만든다. '가랑잎이 휘날리는 전선의 달밤, 소리 없이 내리는 이슬도 차가운데. 단잠을 못 이루고 돌아눕는 귓가에, 장부의 길 일러주신 어머님의 목소리……'

정말 무던히도 달을 좋아하는 민족이다.

우리 문화를 되살려 한류로 전파하자

대전 엑스포는 1993년에 열렸었는데 우리 국민에게 충격을 주고 동시에 자긍심을 심어준 뜻 깊은 행사였다. 그래서 마스코트였던 꿈돌이도 자연히 온 국민이 귀여워하는 캐릭터로 자리매김하게 됐다. 꿈돌이는 외계인이기 때문에 아이들에게 꿈과 미래를 심어주기에 완벽한 캐릭터였다. 한국천문연구원장 시절 나는 꿈돌이랜드 장세일 사장을 자문하면서 '꿈돌이의 모험'이라는 과학동화를 한정판으로 만들어 콘텐츠로 활용했다. 자세한 내용은 내 블로그에서 만날 수 있는데 그 줄거리는 아래와 같다.

감필라고라는 행성의 황태자인 꿈돌이는 형인 꿈술이, 동생인 꿈팔이와 함께 아름다운 왕궁에서 행복하게 살았다. 감필라고 왕국은 사막 가운데 물이 나오고 풀밭이 가장 넓은 오아시스지역에 세워져 행복하기로 소문이 났다. 하지만 악명 높은 블랙홀 군단이 쳐들어 와 왕국을 점령해버렸다. 이에 꿈돌이는 잠시 지구로 피신하는데…….

마침내 윤병철 감독에 의해 꿈술이, 꿈돌이, 꿈순이, 꿈팔이, 꿈자 캐릭터들이 제작되고 이들이 '우주전쟁 쇼' 같은 공연을 이어가자 꿈돌이랜드는 천문우주 테마파크로 변해가기 시작했다. 하지만 꿈돌이랜드가 2012년 문을 닫으면서 우리의 노력은 모두

과학동화 '꿈돌이의 모험'

왼쪽부터 꿈술이, 꿈순이, 꿈돌이, 나, 꿈팔이, 꿈자, 블랙홀군단

수포로 돌아갔다. 꿈돌이 캐릭터들은 유명한 '텔레토비'보다 못할 것도 없었기 때문에 나는 못내 아쉬웠다. 오늘날 우리가 캐릭터들을 개발하기 위해서 얼마나 많은 투자를 하는가. 이미 검증된 좋은 캐릭터들이 외면당하고 있다는 사실을 나는 지금도 이해할 수 없다. 꿈돌이가 귀환할 수는 없을까.

나와 꿈돌이랜드 장세일 사장은 국립중앙과학관의 조청원 관장을 끌어들여 다른 판을 벌이게 됐다. 즉 음력 7월 7일 칠석제를 부활시킨 것이다. 대전시가 우리 건의를 받아들여 2006년 첫 견우직녀 축제를 개최한 이후 한 해도 거르지 않고 행사를 열고 있다. 붉은색과 푸른색이 어우러진 대전의 엑스포 다리는 남녀와 음양의 조화를 보여주고 있어 오작교라고 해도 손색이 없다. 이후 대전시는 그 다리를 공식적으로 '견우직녀다리'라고 명명했다. 덕분에 갑천은 '은하수'가 된 것이다.

사랑을 주제로 한 행사 내용도 다양해져서 재미와 감동을 한꺼번에 제공하고 있다. 이리하여 해마다 칠석이 되면 전국에서 청춘남녀들이 사랑을 찾기 위해 대전으로 모여들게 됐다. 이미 설명한 바와 같이 일본의 경우는 음력을 버렸기 때문에 양력 7월 7일, 장마철 한복판에 칠석 행사를 할 수밖에 없다. 하지만 우리나라의 칠석은 항상 여름 휴가철 한복판에 오게 된다.

지자체들이 왜 칠석에는 관심을 보이지 않는지 이해가 안 간

견우직녀 축제 홍보화면

다. 그날이 되면 견우와 직녀가 1년에 딱 한 번 만난다는, 초등학교만 다녀도 다 아는 사랑 얘기를 외면하는 것은 정말 이해할 수 없다. 견우와 직녀는 특별한 연고지도 없는데 말이다. 우리나라 명절 중 음력 5월 5일 단오만이 행사가 제대로 열리고 있다. 강릉시에서 단오제를 선점하고 유네스코에 등록했기 때문에 동양의 다른 나라들이 땅을 치고 있다.

옛날에 밸런타인데이 같은 것은 없었다. 하지만 요즘은 이 국적 없는 기념일이 다가오면 백화점에서 초콜릿을 파느라고 난리가 난다. 인터넷에서 검색을 하다 보면 '중국 밸런타인데이', 'Chinese Valentine's Day' 같은 말을 발견하게 된다. 중국 여자들이 초콜릿을 주는 날일까? 아니다. 바로 칠월칠석을 중국에서 그렇게 부르고 있다. 최근 중국은 이 이름을 적극적으로 홍보하고 있다. 그래서 걱정이 앞선다. 미래에 우리나라 백화점들이 칠석 때 중국 밸런타인데이라고 초콜릿을 파는 것은 아닐까. 그리고 중국 동화집에서 견우직녀 설화를 보게 되는 것은 아닐까.

유학시절 미국 사람들이 음력 설날을 '중국 설날', 영어로 'Chinese New Year'로 부르는 것을 보고 당황했다. 미국 친구들이 '이번 중국 설날 무엇을 하느냐' 물으면 대답하기가 망설여졌던 것이다. 미국 친구들은 한의학도 '중국의학'으로 인식하고 있었다. 이대로 나아가면 미국 사람들이 우리 교포들에게 '중국 밸런타인데이 때 무엇을 하느냐' 물을 날도 머지않았다.

아시아의 여러 나라 지자체들이 견우직녀 설화가 자기네 고장에서 비롯됐다고 주장하면서 대대적인 축제를 벌이고 있다. 하지만 견우직녀 설화는 너무 오래 돼서 사실 어느 민족으로부터 비롯됐는지 정확히 알 수 없다. 우리나라의 경우 고구려 고분 벽화에도 견우와 직녀가 나온다. '환단고기'를 보면 '동양의 아담과 이브'로 알려진 나반과 아만이 바이칼 호수를 건너 만났다는 설화가 나온다. 바로 이것이 견우직녀 설화의 뿌리다.

칠석이 우리 배달민족 것이라는 확신을 가지고 나는 소설 '치우천자 - 개천기3'부터 칠석제를 등장시켰다. 이제 우리도 칠석을 별칭으로 '코리안 밸런타인데이', 'Korean Valentine's Day'라 부르고 백화점에서 '떡'도 팔아야 한다. 칠석에 관한 팁 하나, 견우와 직녀가 보름달 아래 만나는 그림은 틀린 것이다. 칠석은 음력 7일이기 때문에 반달이 뜬다. 오작교를 그릴 때 까치는 물론이고 까마귀도 같이 넣어야 한다는 점도 잊지 말자. 한자로 '烏鵲橋'의 '烏'는 까마귀, '鵲'은 까치를 말한다.

칠석제 하나를 예로 들었지만 '환단고기'의 중요성과 음력을 버리지 않아 얻는 효과 등이 구체적으로 증명됐다. 한류는 이렇게 역사와 문화에 기반을 두고 현대적으로 재창조됐을 때 무서운 힘을 발휘한다. 찬란한 역사와 문화를 가진 우리나라가 한류를 만드는 것은 지극히 당연한 일인 것이다. 천손인 우리 조상들이 물려준 음식, 의상, 건축, 예술, 의술 등은 모두 음양오행 우주를 바탕으로 하고 있다. 한류는 우리 문화 자체에서 시작된다는 사실을 깨달아야 한다.

참고로 우리나라의 명절을 정리해보겠다. 이미 앞에서 설명한 바와 같이 우리는 홀수를 '하늘의 숫자' 천수로, 짝수를 '땅의 숫자' 지수로 여겼다. 그래서 우리나라 명절은 음력 1월 1일, 3월 3일, 5월 5일, 7월 7일, 9월 9일이다. 즉 음력 1월 1일이 설날, 3월 3일이 삼짇날, 5월 5일이 단오, 7월 7일이 칠석, 9월 9일이 중양절인 것이다. 속되지만 기억하기 아주 쉬운 방법이 있다. '우리나라 명절은 1땡, 3땡, 5땡, 7땡, 9땡' 같이 기억하면 된다. 우리는 천손의 후예여서 천수를 소중히 여긴다. 애경사에 부조를 해도 짝수로, 예를 들어 4만 원, 6만 원, 8만 원을 내지는 않는다.

아이들에게 별을 보여주자

최근 저명한 미국 천문학자 칼 세이건의 TV 다큐멘터리 '코스모스' 시리즈 '시즌 2'가 방영돼 화제다. '시즌 2'의 호스트인 흑인 천문학자 닐 타이슨은 내 미국 유학시절 대학원생 동료였다. 텍사스 대학교에서 2년 가까이 둘이 같은 방을 썼다. 닐은 조교로 수업을 들어가서도 강의를 참 잘했다. 닐이 강의 도중 'billions of stars' 같은 표현만 써도 학생들이 '와~' 하며 추임새를 넣었다. 하지만 우리나라 학생들은 십억은 물론이고 천억 개의 별 정도로는 별로 놀라지 않아 대조를 이룬다. '천문학적 숫자'라는 말도 주로 안 좋을 때만 동원돼 불만이다.

맑은 시골의 밤하늘에서 긴 강처럼 보이는 은하수는 천억 개 이상의 별들이 모여서 만들어졌다. 천억이 얼마나 큰 숫자인지 생각해 본 적 있는가. 학교 교실 안에 콩을 가득 채워도 천억 개가 안 된다. 동양에서는 은처럼 반짝이는 물이 흐른다고 해서 '銀河水'라고 불렀고, 서양에서는 여신 헤라의 젖이 흐른다고 해서 'the Milky Way'라고 불렀다.

천문학자로서 부모들에게 꼭 권해보고 싶은 일이 하나 있다. 자기 아이에게 '밤하늘에 별이 몇 개나 있니?' 하고 물어보라는 것이다. 일단 별이 많다고 대답하면 정말 다행이다. 왜냐하면 도시에서 자라는 아이들 대부분은 넉넉히 잡아 이삼십 개 정도라고 대답하기 때문이다. 그것이 뭐 그렇게 중요한가, 천문학자나 관심 있어 할 질문이 아닌가 하고 반문할지도 모르겠다. 하지만 그건 아니다. 밤하늘에 별들이 쏟아질 듯 많다는 사실을 알고 자라는 아이하고 많아 봐야 이삼십 개 정도 있다고 생각하는 아이하고는 같을 수가 없기 때문이다. 그 차이는 평생 영향을 미치게 되며 '고액 과외'로도 결코 메워질 수 없다.

어른들은 달빛에 사람 그림자가 생긴다는 사실도 모르고 자라는 요즘 아이들에게 별을 되찾아줘야 한다. 달그림자를 모르고 자라는 아이들이 과연 베토벤의 월광 소나타를 가슴으로 느끼고 커서 달빛 속의 데이트를 즐길 수 있을까. 내가 어렸을 때는 도시에서조차 밤에 손전등이 없이 다니면 도랑에 빠지기 일쑤였다. 하지만 별은 잘 보였는데 요즘 도시의 밤하늘은 1등성 몇 개만 겨우 보일 정도다. 이것도 세상이 점점 더 삭막해지는 이유 중 하나라고 말한다면 과언일까.

천문학자가 아니면서도 자기 천체망원경을 들고 나와 아이들에게 별을 보여주는 사람들이 있다. 아무런 책임도 없고 소득도 없지만 자기가 좋아서 남들에게 그런 기회를 마련해주는 천사 같은 사람들이다. 이런 사람들을 아마추어 천문학자라고 한다. 아마추어 물리학자, 아마추어 화학자, 아마추어 생물학자…… 등은 드물지만 아마추어 천문학자는 부지기수다. 이는 천문학의 가장 큰 강점 중 하난데 그 이유는 간단하다. 사람은 누구나 눈에 보이는 별과 우주에 대해 원초적 호기심을 가지고 있기 때문이다.

사단법인 한국아마추어천문학회 회원들은 남녀노소 가릴 것 없이 모두 '별내림을 받은', '우주가 씌운' 사람들이다. 그들은 따로 모여서 별을 보러 가고 심지어 외국까지 일식이나 오로라를 보러 가기도 한다. 아마추어 천문학이란 우주의 신비를 탐구하고 즐길 수 있는 선진국 레저 활동이다. 여기서 '선진국' 레저 활동이라고 정의한 이유는 '먹고살기 바쁜' 사람들은 우주에 대해 관심을 가질 수가 없기 때문이다. 실제로 국민소득이 낮은 나라에서는 아마추어 천문학자를 발견하기가 어렵다.

아마추어 천문학은 명쾌하게 정의되지 않는다. 아마추어 천문학자들 중에는 천체망원경 등 고가의 장비를 갖춘 사람도 있고 맨눈으로만 관측하는 사람도 있다. 옛날에는 UFO를 연구하는 사람들도 아마추어 천문학 모임에 가입했었다. 아마추어 천문학의 '아마추어'라는 말은 진지하지 못한 단순한 취미오락이라는

서울 올림픽 공원에서 열린 2010년 대한민국 별 축제

인상을 준다. 그러나 이는 사실이 아니고 아마추어 천문학은 나름대로 깊이가 있는 독립적인 학문이다. 한마디로 프로 천문학과 아마추어 천문학의 관계는 프로 야구와 아마추어 야구의 그것과 완전히 다르다.

이런 사실들은 영화 '인터스텔라'의 대박과 함께 우리 국민이 별과 우주를 좋아한다는 사실을 증명해주고도 남는다. 역시 우리는 천손의 후예인 것이다. 영화 '인터스텔라'를 자문한 세계적인 물리학자 킵 손은 일본과 중국을 제쳐두고 특별히 우리나라를 방문해 나름대로 감사의 뜻을 전했다.

아마추어 천문학을 시작하려면 단체에 가입해 경험자들로부터 안내받는 것이 가장 무난하다. 수많은 학교, 지역, 직장 동호

회가 있고 대표단체로는 사단법인 한국아마추어천문학회가 있다. 학회는 천문지도사 자격증 발행, 대한민국 별 축제, 천체사진공모전, 전국학생천체관측대회 등의 사업을 하고 있다. 학회의 전신이자 우리나라 최초의 아마추어 천문학 단체인 한국아마추어천문가회는 1972년에 결성됐다. 나는 한국천문연구원장 시절 우리나라에 아마추어 천문학을 심어준 한국아마추어천문가회 남궁호 창립초대회장이나 변상식 원로회원 등에게 공로패를 주며 감사의 뜻을 전하는 일을 잊지 않았다.

꼭 어느 조직의 회원이 되지 않더라도 시민천문대를 자주 찾아가면 우주에 대한 호기심을 해소할 수 있다. 천문학자들의 연구를 목적으로 세워진 한국천문연구원 산하 소백산천문대나 보현산천문대는 일반인들에게 별을 보여줄 수 없다. 이것은 세계

한국아마추어천문학회 남궁호 창립초대회장 감사패 전달

어느 나라나 마찬가지다. 따라서 일반인들이 항상 별을 볼 수 있는 천문대를 따로 지을 수밖에 없는데 이러한 것을 시민천문대라고 한다.

아이들에게 별과 우주에 대한 꿈을 심어 주는 곳, 아이들이 시험을 잡쳐서 울적할 때 별을 보고 마음을 달랠 수 있는 곳, 부모들에게 옛 추억을 되살려 줄 수 있는 곳, 외지에서 손님이 왔을 때 자랑할 수 있는 곳…… 바로 이런 곳이 시민천문대다. 별을 보며 자란 아이들은 과학자, SF 작가, 우주만화가, 우주음악가, 우주미술가, 우주비행사가 될 것이며, 영화를 만들어도 한국판 '스타워즈'를 만들 것이다.

검색해 보면 서울 도심 한복판에도 과학동아천문대 같은 사립 시민천문대가 있다. 하지만 인구가 2천만에 이르는 수도권에 번듯한 공립 시민천문대 하나 없는 실정이다. 광역시 중에서도 공립 시민천문대를 가진 곳은 대전뿐이다. 일본에는 200개가 넘는 공립 시민천문대가 있고 영리를 목적으로 하는 사립 시민천문대까지 합치면 300개가 넘는다. 그러니까 일본에서 '은하철도 999' 같은 만화영화가 나올 수 있는 것이다.

시민천문대는 대도시에 세워도 아무 상관없다. 어차피 연구용 천문대가 아니기 때문이다. 주로 해, 달, 행성만 관측하게 되고 플라네타륨 같은 시설을 이용하면 은하수가 보이는 밤하늘을 재현할 수 있기 때문에 더욱 문제가 없다. 플라네타륨은 여름철에 겨울철 별자리를 보여줄 수도 있고 적도 이남에서나 보이는 남십자성 같은 별도 보여줄 수 있는데 문제는 누가 설명하느냐에 있다. 닐 타이슨도 바로 미국 뉴욕 자연사박물관 플라네타륨 관장으로서 특유의 입담을 과시해 그 위치까지 올라간 것이다.

미국 LA를 방문할 기회가 있으면 '이유 없는 반항'이라는 영화가 촬영된 그리피스 천문대를 꼭 가보기 바란다. 영화배우 제임스 딘의 흉상이 있는 이 시민천문대가 LA 생활의 일부분을 차지하고 있다는 사실이 부럽게 느껴질 것이다. 이제는 우리 서울도 번듯한 공립 시민천문대 하나쯤 가질 때가 되지 않았을까. 이 천문대는 옛날 영화 '이유 없는 반항'에도 등장했다. 그래서 광장 한쪽에 요절한 미국 배우 제임스 딘의 흉상이 있는 것이다. 대한민국의 수도 서울에 이런 시민천문대 하나 없는 것은 천손의 후예로서 정말 수치스러운 일이다.

별 축제는 대도시에서도 자주 열리지 못한다. 일단 천체망원경을 비롯한 여러 장비들을 차로 날라야 하기 때문이다. 사정이 이러니 도서벽지 아이들은 천체망원경으로 달조차 볼 기회가 없다. 한국천문연구원장 시절 천체망원경을 탑재한 '스타 - 카'를 만들고 싶었으나 예산이 여의치 않았다. 마침 K 은행이 'Star Bank'를 표방하며 변신한 직후여서 김승재 임원에게 시비를 걸었다.

"누구 허락 맡고 그렇게 이름 지었습니까?"

"예에? 그게 무슨 말입니까?"

"아이들에게 별이라도 보여주면서 'Star Bank'를 외치셔야지."

"은행이 어떻게 아이들에게 별을 보여줍니까?"

"스타 - 카를 만들어주시면 됩니다. 운영은 저희 천문연구원이 하겠습니다."

내 말에 귀를 기울이던 그 임원은 스타 - 카에 대한 자료를 요청했고 몇 달 뒤 후원이 결정됐다는 소식을 전해왔다! 놀라움과 반가움에 뒷얘기를 자세히 들어봤다. 아이들에게 별을 보여주고 싶은 K 은행 임직원들의 열의가 천문학자들보다 더하면 더했지 덜한 것 같지 않았다. 얼마나 고마운 일인가. 세상에는 좋은 사람들이 생각보다 많다는 사실을 다시 깨달았다.

스타 - 카는 단순히 천체망원경을 탑재한 차량이 아니다. 많은 시청각 기자재를 동시에 운용할 수 있어야 하기 때문에 대형트럭 값의 3배 정도 제작비가 든다. K 은행은 아무런 조건 없이 그 예산을 전액 지원했다. 평소 기업들의 관심을 전혀 받지 못하는 우리 한국천문연구원이 기부 받은 역사상 최고 액수였다.

나는 스타 - 카를 도장할 때 K 은행의 로고를 최대한 크게 그려 넣으라고 직원들에게 당부했다. 생색 한 번 내지 않은 K 은행에게 조금이라도 은혜를 갚고 싶었기 때문이다. 이후 스타 - 카는 한국천문연구원의 커다란 자랑거리가 됐다. 연구소 앞길에서 신호 대기하는 운전자들 보라고 나는 스타 - 카를 일부러 정문

K 은행의 후원으로 제작된 스타-카

옆 주차장에 세워 놓았다. 그런데 어느 날 청원경찰이 건의하는 것이었다.

"원장님, 스타 - 카를 더 이상 그 자리에 세워놓으면 안 될 것 같습니다."

"왜요? 일부러 거기 세우는 건데……."

"스타 - 카가 이동식 은행인 줄 알고 사람들이 자꾸 차를 세우고 돈을 찾으러 옵니다."

동네 어귀에 스타 - 카가 나타나면 아이들이 좋아서 그때부터 차를 따라 뛰어다니는 장면이 가장 기억에 남는다. 마치 내가 어렸을 때 모기약을 뿌리던 차를 따라다니듯……. 스타 - 카는 도장을 새로 해서 이제 모습이 완전히 바뀌었지만 지금도 여전히 전국 방방곡곡을 누비고 다닌다.

어떻게 하면 북한 아이들에게 별을 잘 보여줄 수 있을까 고민하는 날이 언젠가는 올 것이다. 그 때는 누구에게 시비를 걸어야 하나…….

“누구 허락 맡고 휴대폰 이름을 ‘갤럭시’로 정했습니까?”

“사이다 이름이 북두칠성이네요.”

“낮에는 대통령께서 통치하시지만 밤에는 천문학자들이 통치한다는 사실 잘 아시지요?”

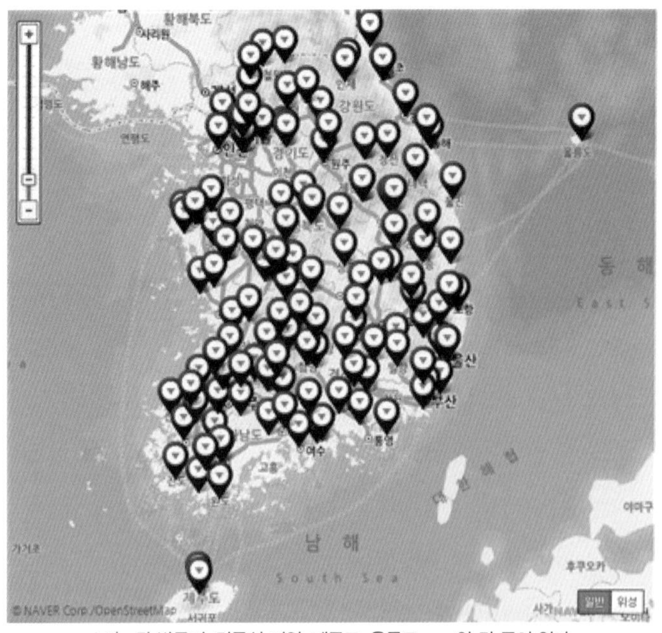

스타 - 카 방문지. 민통선 지역, 제주도, 울릉도…… 안 간 곳이 없다.

과학문화를 육성해야 한다

시간여행은 하기 싫어도 누구나 해야 한다. 아파트 거실에 앉아서 TV를 보고 있는 순간에도 시간여행을 하고 있는 것이다. 아파트 거실이 비행기 1등석보다 못할 것이 뭐가 있는가. 넓지, 소파도 편하지, TV 화면도 크지, 전용 냉장고와 화장실도 있지, 흔들리지도 않지…… 이 정도면 '특등석'이라고 해도 과언이 아니다. 물론 스튜어디스가 무섭고, 시키는 일도 해야 하고, 기내식을 먹고 무조건 맛있다고 해야 하는 단점도 있지만……. 그래도 우리가 모두 '특등석 타고 시간여행을 한다' 생각하면 삶이 더욱 여유롭게 느껴지지 않을까.

옛날에는 별로 관심을 가지지 않았던 민요들이 요즘 들어 새삼스럽게 들려온다. '노들강변 봄버들 휘휘 늘어진 가지에다가 무정세월 한 허리를 칭칭 동여서 매어나 볼까……' 시간여행을 정지하겠다는 발상 아닌가. 하지만 이것은 노래가사일 뿐 불가능하다. 시간은 꼬박꼬박 미래를 향해 흐른다. 우리가 체험하는 시간의 '속도'는 주관적이고 감성적이다. '좋은 시간'은 빨리 가고 '나쁜 시간'은 늦게 간다.

그렇다면 '좋은 시간'을 늘이고 '나쁜 시간'을 줄이는 지혜는 없을까. 아인슈타인의 상대성이론에 따르면 시간의 속도는 중력의 영향을 받는다. 영화 '인터스텔라'를 보면 중력이 강한 블랙홀 근처의 1시간이 중력이 약한 외곽에서 7년이 되는 장면이 나온다. 이것을 이해하기 위해 블랙홀로 시공간이 중력에 끌려 '에스컬레이터'처럼 계속 들어간다고 상상해보자. 그 위에서 어떤 사람이 2초마다 사과를 하나씩 밖으로 던진다면 밖에서 사과를 받는 사람은 5초마다 사과를 하나씩 받을 수도 있는 것이다. 이것이 시간 지연의 원리다.

시간여행과 공간여행 중 우리가 자유롭게 할 수 있는 것은 공간여행이다. 공간여행은 하기 싫으면 안 할 수도 있다. 현실에서 '특등석'은 그만 두고 1등석 타기도 어렵지만 스튜어디스가 상냥하고, 일도 안 시키고, 기내식을 안 먹어도 혼나지 않는다. 상대성이론에 따르면 공간여행도 중력의 영향을 받는다. 영화 '인터스텔라'에 나오는 웜홀은 중력이 만드는 통로이다.

웜은 영어로 'worm'이니 웜홀은 '벌레구멍'이라는 뜻이다. 이 학술용어는 사과의 한쪽 표면에서 다른 쪽 표면으로 기어가는 벌레가 구멍을 통해서 더 빨리 갈 수 있다는 것에서 비롯됐다. 뉴턴 때문에 중력을 설명할 때 늘 사과가 인용되는데 이제 사과 속 벌레구멍까지 등장하게 된 것이다. 원님 덕에 나발 부는 격이다.

상대성이론에서 웜홀은 원래 블랙홀과 블랙홀을 연결하는 통로였다. 그런데 문제가 있다. 한쪽에서 블랙홀 속으로 들어가 살아남아서 다른 쪽 블랙홀에 도달한다고 하더라도 빠져나갈 수 없기 때문이다. 따라서 이번에는 무엇이든지 내놓기만 하는 '화이트홀'이 출구에 있어야만 했다. 그래서 과학소설 작가들은 화이트홀을 '발명'했다. 즉 블랙홀과 웜홀은 과학적 근거가 있지만 화이트홀은 없는 것이다.

이처럼 시간과 공간과 중력이 삼위일체가 돼 펼쳐가는 우주의 모습은 이제 우주시대의 과학문화, '우주문화'를 지배하고 있다. 블랙홀이란 단어는 이제 너무 많이 나와 식상할 정도다. 그뿐인가. 블랙홀, 초신성, 빅뱅…… 우리나라 가요계도 우주가 돼 간다. 우리나라에서 최초로 블랙홀 노래를 부른 가수는 내가 아는 한 이정현이다. 이정현은 1999년에 발매된 1집에서 자신이 작곡한 'GX 339-4'라는 노래를 발표했다. 이 이름은 밤하늘에서 강한 X-선을 방출하는 블랙홀 후보의 카탈로그 번호다. 우리나라에는 이처럼 우주문화의 풀뿌리들만 여기저기 흩어져 있다.

강대국들이 경쟁적으로 달과 행성에 탐사선을 보내느라 야단

법석인 지금은 누가 뭐래도 우주시대다. 국민수준이 낮아서 훌륭한 우주문화 상품을 갖지 못한 국가는 문화전쟁에서 질 수밖에 없다. 'ET, Extra-Terrestrial'나 '스타워즈' 같은 SF 영화들은 할리우드의 영화인들이 훌륭하기도 하지만 미국의 우주문화 꽃이 활짝 피어서 태어났다고 표현하는 것이 더욱 정확하다. 우주문화 분위기는 어떻게 보면 도로나 항만만큼 중요한 사회간접자본일 수도 있다.

여기서 SF란 'Science Fiction', 즉 '과학소설'을 말한다. 그런데 우리는 언제부터인가 꼭 '공상과학소설'로 번역하고 있다. '공상'이라는 단어가 포함돼 있지 않은데도 말이다. '공상'이란 다분히 불가능하거나 이루어질 수 없다는 의미를 내포하고 있는 단어다. 사람이 달에 가 사는 것, 우주 호텔로 신혼여행을 가는 것, 지구를 위협하는 소행성 문제…… 이런 것들은 더 이상 '공상'이 아니다. SF를 '공상과학소설'로 오역하는 일이 더 이상 없어야 한다.

우리는 언제까지 막장 연속극이나 폭력영화를 보고 살아야 하는가. 영화에서 왜 우리 아이들은 안 되고 꼭 백인 아이들만 ET를 만나야 하는가. 왜 CIA나 FBI 요원은 외계인을 추적해도 되고 우리 국정원 요원은 안 되는가. 현실은 정말 답답하기 짝이 없다. 우리나라에는 왜 우주음악, 우주미술, 우주영화, 우주공원…… 같은 것이 거의 없을까. 우리나라 어느 정보기관 지하에는 ET 시체가 냉동보관 중에 있다, 우리 공군 전투기 편대가 UFO를 추적했다, 우리 국가정보원 요원이 ET와 교전했다, 우리가 만든 로켓이 드디어 달에 도착했다, 우리 아이가 타임머신을 타고 미래를 다녀왔다…… 우리도 이런 얘기들을 하면서 살아야 하지 않겠는가.

원래 SF에 관심이 많던 나는 박사학위를 받은 1987년부터 틈틈이 여러 작품을 써왔다. 우리나라 사람이 주인공이고 배경 또한 한반도인 SF가 나와야 한다는 소신 때문이다. 그 중 한 작품은 독자가 끝 부분에 가서야 비로소 SF라는 사실을 깨닫게 만들고 싶었다. 영화 '식스 센스' 같은 구성이라 할까. 그러기 위해서 대한민국 사람 열 명 중 아홉 명은 속아 넘어갈 트릭들을 만들어야 했다. 예를 들어 탈영병이 모르는 민간인하고 같이 산을 돌아다닌다면 대부분 민간인이 납치됐다고 추리하지 않을까.

다음은 그럴듯한 배경을 선정하기 위해 강원도 설악산 일대를 뒤졌다. 그러던 중 설악산 가리봉 근처와 인제초등학교 가리산 분교가 내 소설 환경과 완벽하게 일치하는 것을 발견하고 뛸 듯이 기뻤다. 당시 운동장 구석에 서 있던 이승복 소년 동상까지 완벽했다. 그리하여 '가리봉의 비밀'이라는 제목으로 1999년 세상에 내놓았지만 결과는 참담했다. 출판사가 문을 닫아 다른 출판사에서 '코리안 페스트'라는 제목으로 개정판을 냈지만 결과는 마찬가지였다. 물론 졸저이기도 했지만 당시 우리 풍토에 SF는 시기상조였던 것이다. 나는 그 소설을 '침입자'라는 제목으로 블로그에 올려놓았다. 내가 한국천문연구원장 시절 후원해서 당시 꿈돌이랜드 윤병철 감독이 만든, 차마 제작비를 밝힐 수 없는 국내 최초 천문영화(?) '대덕밸리의 밤'도 블로그에서 만날 수 있다.

내가 SF로 실패를 겪은 후 약 10년이 흘렀다. 어렵게 연락이 돼 나는 두 젊은이(?)를 한국천문연구원에서 만날 수 있었다. 그 중 한 사람이 불쑥 말했다.

"박사님, 저희는 타임머신 영화를 만들고 싶습니다!"

"글쎄요, 그게 우리나라에서 가능할까요?"

내 입에서 상투적이고 무성의한 답이 나왔다. 그러자 두 사람은 정색을 하며 나에게 줄거리를 얘기했다.

……해저 연구소에 완벽하게 격리된 7명의 연구원이 타임머신을 만들었다. 어느 날 오전 11시 타임머신을 타고 2명의 연구원이 다음 날 오전 11시로 타임머신을 타고 미리 가봤다. 그런데 모두 죽어 있는 것이 아닌가! 다시 전날 오전 11시로 돌아온 2명의 연구원은 예고된 운명을 바꾸기 위해 노력하는데……

나는 크게 감명 받았다. 소재는 SF지만 추리적 요소와 스릴이 추가돼 절묘한 스토리를 구성하고 있었던 것이다. 후반부에는 충격적인 반전도 포함하고 있었다. 두 사람은 꿈을 찾아 도전하고 있었고 나는 이미 잇단 실패를 겪어 그런 일에 많이 무디어졌음을 깨달았다. 나를 크게 반성하게 만든 그 두 사람은 이강규 프로듀서와 이승환 작가였다.

몇 달 뒤 우리는 시나리오를 가지고 다시 만났다. 지구가 미니 블랙홀이 되면 사람 손톱만' 해진다는 사실에 유의해라, 미니 블랙홀이 연결된 웜홀을 이용해 타임머신을 만들었다고 우기면 된다, 과학자들 말이 너무 거칠다…… 나는 시나리오를 많이 수정해줬다. 이후 몇 년의 세월이 또 지났다. 그동안 두 사람을 간간이 만나기는 했지만 큰 진전은 없어 보였다.

'역시 어려운 모양이다. 4년이 넘도록 헛고생만 하는 것을 보니 정말 영화인들은 고생이 많구나.'

나는 두 사람이 무척 안쓰러워 만나면 위로하기 바빴다. 그런데 2012년 봄 어느 날 이강규 프로듀서의 전화가 왔다. 너무도 놀라운 소식이 내 귀청을 때렸다.

"박사님, 드디어 투자자를 구했습니다! 이제 촬영에 들어갑니다!"

"그래요? 축하합니다! 이제 드디어 우리나라에도 본격적인 SF 영화 시대가 열리겠네요!"

아무런 이해관계가 없는 나였지만 정말 기뻤다.

"그래, 영화 제목은 무엇으로 확정했지요?"

"영화 제목은 '열한시'입니다."

"주연과 감독은 누구세요?"

"정재영 배우님과 김현석 감독님입니다."

한국 영화에 별로 관심이 없었던 나도 아는 이름들이었다.

'아, 이번에는 정말 제대로 만들겠구나!'

얼마 후 나는 감독과 제작진들을 만나 구체적인 조언을 해줄 수 있었다. 특히 특수효과 쪽에서 질문이 많았다.

"웜홀을 통과하는 과정 그래픽은 소신껏 만드시면 됩니다. 실제로 통과해본 사람이 아무도 없으니까요. '스타워즈'나 '스타트렉'에서는 우주선이 광속으로 날면 별들이 직선을 그리지 않습

'K-스타' 앞에서 기념촬영한 영화 '열한시' 출연 배우들 일부.
왼쪽부터 이건주, 신다은, 박철민, 정재영, 나, 권면 소장, 최다니엘, 김현석 감독, 이강규 프로듀서

니까…….”

내 말을 들은 제작진들은 안도의 숨을 쉬었다. 그리고 바로 제작에 들어갔다. 특히 국가핵융합연구소 권면 소장의 배려로 우리나라 핵융합시설 'K - 스타'에서 촬영할 수 있었다. 가동 휴식기를 이용해서 과학기술 홍보에 도움이 되도록 연구시설을 제공하는 것은 바람직한 일이다. 나는 한국천문연구원장 시설 소백산천문대와 보현산천문대를 연구에 지장이 없는 한 항상 제공했다.

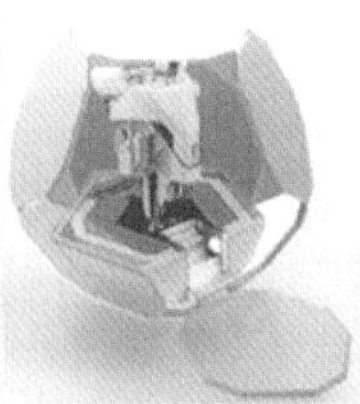

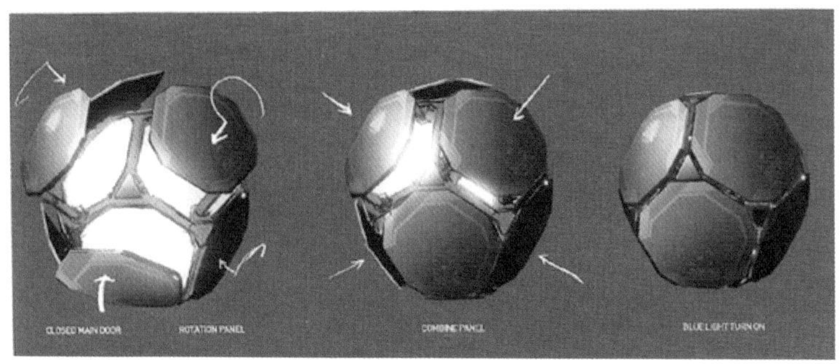

영화 '열한시'의 정십이면체 타임머신 '트로츠키'

영화는 나중에 따로 '페인팅 북'이 나올 수 있을 정도로 치밀하게 준비됐다. 최선을 다해서 만들어졌다는 인상을 지울 수 없었던 것이다. 아무런 이해관계가 없는 나였지만 용산의 한 극장에서 시사회가 끝난 후 영화 '열한시'의 과학을 풀어 설명하고 개인적으로 검색 사이트에 추천사를 올리는 등 최선을 다해 도왔다. 그리고 마침내 영화가 극장에 걸렸다.

하지만 결과는 '역시' 참담했다. 영화 '열한시'는 관객 50만 명을 채우지 못하고 막을 내렸다. 현실은 냉정했고 '국산 SF 50만의 벽'을 깨지 못했던 것이다. 이 영화는 내 SF처럼 졸작도 아니었다. 뚜렷하게 무엇이 잘못됐는지 나로서는 이유조차 알 수가 없었다. 어쨌든 나는 김현석 감독과 이강규 사장이 할리우드 영화의 예산 1/100 가지고 그 정도 제작했으면 국내 SF 영화 역사에 전환점을 마련해줬다고 생각한다. 영화 '열한시'는 앞으로 두고두고 우리나라 SF 영화 제작의 시금석이 될 것이다.

영화가 끝나고 가슴 아픈 일이 하나 더 있었다. 내가 특히 예뻐하던 타임머신 '트로츠키'가 다른 소품들과 함께 즉시 폐기됐다는 사실이다. 물론 흥행에 성공한 영화 세트도 부술 수밖에 없는 것이 우리나라 현실이니까 이해는 가지만 제작비가 꽤 들어간 '트로츠키'를 원하는 과학관에 갖다놓았으면 얼마나 좋았을까. 거대한 영화공원 'Universal Studio'나 'MGM Studio' 등을 생각하면 우리나라의 영화산업이 미국보다 얼마나 뒤떨어져 있는지 실

영화 '열한시' 포스터

감하게 됐다. '개천혁명'만큼이나 우리나라 영화산업의 진흥을 기다린다.

우리 차세대 천체망원경이 설치된다

수천 년 된 고인돌에 새겨져 있는 북두칠성과 같은 별자리들이 증명해주듯이 우리 민족은 태곳적부터 우주를 관찰해왔다. 이런 전통이 있었기에 국사에 기록된 독립된 국립 천문기관들만 해도 첨성대, 서운관, 관상감 순서로 이어져 내려왔다. 하지만 찬란한 민족 천문학의 전통은 일제강점기에 이르러 철저하게 말살된다. 국립 천문기관도 자취를 감추면서 우리나라는 천문학을 잃어버렸다. 이런 황량한 모습은 해방 후에도 무려 20년이나 이어진다. 한마디로 나라가 '먹고살기' 힘들었기 때문이다.

마침내 1965년 한국천문학회가 창립됐다. 한국천문학회는 1965년 3월 21일 춘분날 서울대학교 문리과대학 교수실에서 20여 명의 회원이 모여 창립됐다. 참으로 초라한 출발이었으나 역사적 사건이었다. 현재 1000명이 넘는 회원을 가진 학회의 모습과 비교하면 정말 격세지감을 떨칠 수 없다. 한국천문학회는 국립천문대 건립을 정부에 계속 건의했고 그 결과 1974년 9월 13일에 이르러 국립천문대가 탄생했다. 국립천문대는 소백산에 61cm 광학망원경을 갖춘 최초의 현대적 관측소를 세워 다시 민족 천문학 전통을 이어가게 됐다.

당시 그곳에 근무했던 직원들은 겨울에는 영하 30도의 추위를 이겨내고 눈을 녹여 밥을 지어먹으며 고난의 나날을 보냈다. 덕분에 61cm 광학망원경은 이후 20여 년 동안 국내 최대 망원경으로서의 위상을 지켜가며 많은 업적을 남길 수 있게 됐다. 오늘날이 정도 크기의 광학망원경은 시민천문대에서도 얼마든지 발견할 수 있다.

국립천문대가 처음으로 발간한 책력은 1976년에 나왔다. 즉 1976년에 이르러서야 비로소 우리나라는 '나라다운 나라'가 된 것이다. 조선시대 동지 사신이 중국에서 받아오던 책력을 국가 천문기관이 최초로 발행하게 된 것이다. 1985년 대덕전파천문대에 14m 전파망원경이 세워지면서 우리나라에 전파천문학의 역사도 시작됐다.

나는 1992년 말 천문대에 들어왔다. 들어와 며칠 뒤 받은 신분증 내 사진 밑에는 '한국표준과학연구원'이라고 인쇄돼 있었다. 여기저기 문의한 결과 내 직장 명칭이 정확하게 '한국표준과학연구원 천문대'라는 사실을 깨닫게 됐다. 이때 우리는 다른 연구소의 부설기관도 아니고 부서나 마찬가지였던 것이다.

'도대체 표준하고 천문대하고 무슨 관계가 있단 말인가? 하긴 우주론에 표준 모델도 있긴 한데…….' 첨성대 → 서운관 → 관상감 → 국립천문대 → 한국표준과학연구원 천문대, 이게 말이 되는가? 직장 동료들은 뭐 그런 걸 가지고 놀라느냐 무심히 되물었다. 그전에는 전자통신연구소 부설기관이었단다. 세계적으로 전자나 표준 계통 연구소에 소속된 역사를 가진 천문대는 아마 우리밖에 없을 것이다.

나중에 그 이유를 알게 됐다. 소위 '과학기술계 정부출연연구기관의 기능 재정립 및 운영 효율화 방안'이라는 것이 있었는데 그 내용 중에 '작은 연구소는 무조건 합친다' 같은 발상에서 비롯된 조항이 있었던 것이다. 그런 식으로 하면 어느 나라 천문대가 남아나랴. 내가 아는 한 5백 명이 넘는 천문대는 세계 어디에도 없다. 연구소도 '대마불사'란 말인가.

그리하여 우리나라 역사를 통해 천문대가 없는 시절이 일제강점기 이후 다시 찾아오게 됐던 것이다. 결정권을 가진 사람들이 모르면 이런 코미디 같은 일도 가능하다는 사실을 깨닫게 됐다. 이런 와중에도 천문대는 1996년 보현산천문대를 세웠고 노력 끝에 마침내 1999년 한국천문연구원 간판을 달게 됐다. 크기만 비교하면 1.8m 광학망원경은 아마 세계 100등 내외일 것이다. 국력에 비해 이렇게 초라한 망원경을 가지고 있으니 우리 천문학

대덕연구단지에 있는 한국천문연구원 본원

의 찬란한 전통을 생각하면 정말 조상을 뵐 낯이 없었다. 돌이켜 보면 우여곡절 끝에 한국천문연구원으로 재탄생한 것이나마 정말 다행스러운 일이었다.

하늘이 도와 내가 한국천문연구원장을 맡았던 2009년 미국과 호주가 추진하는 '거대 마젤란 망원경', 즉 'GMT, Giant Magellan Telescope' 건설사업에 대한민국도 참여하게 됐다. 거울 하나의 지름이 8.4m, 7개의 거울을 합한 통합지름이 25m나 되는 차세대 망원경이 이제 '우리 망원경'이 됐다. 한마디로, 신라가 첨성대를 세웠다면 대한민국은 GMT를 세우게 된 것이다.

이 GMT는 현재 칠레 안데스 산맥에 건설되고 있으며 2023년 준공을 목표로 하고 있다. 벌써 우리나라 천문학자들은 세계 어

중앙에 서 있는 사람을 비교하면 GMT의 크기를 짐작할 수 있다

디를 가도 대접이 달라졌다는 것을 피부로 느끼고 있다. 이 글을 읽는 청소년들이 천문학자가 되면 GMT를 이용해 지구와 똑같은 행성을 찾는 일, 우리 해보다 수백억 배 무거운 블랙홀을 찾는 일, 수수께끼의 암흑물질과 암흑에너지를 규명하는 일, 우주 탄생의 비밀을 밝히는 일…… 등 인류 역사에 기여하는 대과업을 즐기게 될 것이다.

현재 일본과 중국이 미국 등과 함께 TMT, Thirty Meter Telescope, 유럽의 여러 나라들이 EELT, European Extremely Large Telescope 등을 추진하고 있지만 순조롭게 진행이 되지 못하고 있어 GMT보다 준공이 많이 늦을 것으로 보인다. 또한

TMT, EELT 모두 정육각형 모양의 작은 거울들을 조합해서 만들어지기 때문에 효율면에서도 GMT만 못할 것으로 보는 것이 국내외 천문학자들의 시각이다. 이는 세계에서 유일하게 GMT에 참여하고 있는 미국 애리조나 대학만이 거대한 거울을 제작할 능력을 보유하고 있기 때문이다.

항공우주 분야에 미래가 달려있다

영화 '인터스텔라'가 천만 관객을 동원했다. 이 영화는 특히 우리나라에서 흥행에 성공했는데 이것을 가지고 말들이 많았다. 어떤 언론은 이 영화가 어렵기 때문에 오히려 우리 국민의 지적 허영심을 자극했다고 평했다. 내 생각은 다르다. 물론 여러 가지 이유가 있겠지만, 근본적으로 우리 민족이 하늘을 숭상하고 정부가 꾸준히 펼쳐온 과학문화 정책이 기여했기 때문이다.

우리 사회는 참 칭찬에 인색하다. 특히 정부나 공기관이 일을 잘했다고 말하면 의혹에 찬 눈으로 바라보기 일쑤다. 하지만 나는 천문학자 입장에서 잘한 것은 잘했다고 말하고 싶다. 정부는 꾸준히 전국에 과학관을 증설하는 정책을 초지일관 펴왔다. 그 결과 광역시들은 거의 다 규모가 제법 큰 과학관들을 갖추게 됐고 전국에 시민천문대들이 건립됐다.

최근 들어 초등학교 부모들치고 아이들과 함께 시민천문대에 가서 별을 보지 않은 사람들이 거의 없다. 부모와 아이들이 야외에서 같이 별을 보는 TV 광고도 여러 개 나왔다. 우리 국민들은 이제 별과 우주를 좋아하게 된 것이다. 아웃도어 문화도 큰 기여를 했다. 야외에서 낮에는 할 일이 많아도 밤에는 별 볼 일밖에 없기 때문이다. 불과 몇 년 전만 해도 부모들이 별자리를 모르기 때문에 그저 '별이 참 많지?' 같은 멘트나 반복할 수밖에 없었다. 하지만 요즘은 스마트폰에 천문 앱만 깔면 상세히 가르쳐주기 때문에 문제가 해결됐다.

내가 1991년 34세의 나이로 한국아마추어천문학회를 창립해 초대회장을 맡았을 때 회원이 백 명도 안 됐다. 현재 한국의 아마추어 천문학 인구는 어림잡아도 수십만 명에 이른다. 한국천문연구원에서 실시하는 2박 3일 초중고 교사천문연수를 다녀간 교사만 6천 명이 넘는다. 묵묵히 1995년부터 20년 동안 한 해도 거르지 않고 연수를 실시한 결과다. 연수를 마친 교사들은 학교로 돌아가 맹활약(?)을 하고 있다. 그 결과 지금은 천문학 동아리가 없는 학교가 드물게 됐다.

과학문화에 대한 저변확대 때문에 영화 '인터스텔라'의 관객이 천만에 육박한 것이다. 이제 우리도 국민의 지지를 업고 우주개발에 뛰어들 수 있게 됐다. 이소연 우주인 때문에 시장 아주머니, 아파트 경비 아저씨, 택배 청년…… 온 국민이 우주를 얘기하게 됐다. 내가 아는 한 수백억 원 예산의 과학문화 사업을 펼쳐도 이처럼 단숨에 대다수 국민들을 우주에 빠져들게 만드는 것은 불가능하다. 이소연 우주인에 대한 세간의 혹평에는 돈으로 계산할 수 없는 이런 효과가 배제된 것 같다.

당시 나로호 때문에 수염을 깎지 못하고 있던 한국항공우주연구원 백홍열 원장의 모습이 눈에 선하다. 백 원장 후임 이주진 원장도 나로호 실패의 모든 책임을 지고 깨끗이 물러났다. 나는 두 원장의 고뇌하는 모습을 바로 옆에서 지켜본 사람이다. 대한민국의 항공우주역사는 두 원장과 특히 고산 우주인을 결코 잊

한국천문연구원장 시절 한국항공우주연구원 백홍열 원장과 협정 기념사진.
오른쪽이 백 원장의 뒤를 이은 이주진 원장

어서는 안 된다.

우리나라 항공우주정책은 비틀거리는 것처럼 보여도 목적지를 향해 묵묵히 전진하고 있다. 어쨌든 한국항공우주연구원은 기어코 나로 우주선을 성공시키지 않았는가. 누가 뭐라고 하든 말든 우주선을 올리는 일은 과학자들의 몫이고 우리는 최선을

나로호의 모습(한국항공우주연구원)

다할 것이다. 우리도 언젠가는 달에 가고 화성에도 가야 하지 않겠는가.

국방정책 차원에서 공군도 첩보위성 등을 색출하는 우주감시 작전에 나선 지 오래다. 잘 알려진 바와 같이 우주공간에는 무수히 많은 우주쓰레기가 날아다니고 있다. 대부분 폐기된 인공위성인데 언젠가는 우리나라에 그 중 하나가 추락할 수 있다. 위성 중에는 핵연료로 추진되는 것도 있기 때문에 이는 큰 재앙이 아닐 수 없다. 관련 정보를 선진국에만 의존하지 말고 우리 스스로 조기에 발견하고 추락 궤도를 예측할 수 있는 우주감시 시스템을 구축해야 한다. 현재 우리나라는 추락하는 위성은 물론이고 궤도가 알려지지 않은 위성도 추적할 능력을 갖추지 못하고 있다.

이 분야에 활용되는 기술 중 하나가 천문기술이다. 천문학은 별을 바라보는 낭만적 학문 같지만 사실은 국가안보에 깊이 관련돼 있는 첨단기술을 바탕으로 한다. 캄캄한 밤하늘에서 아주 희미한 빛을 찾아내는 기술이 바로 천문기술이자 국방기술인 것이다. 여기서 기초과학을 홀대하면 국가안보에도 해독이 끼친다는 사실을 깨닫게 된다.

첩보위성을 식별할 능력이 없는 나라를 우주시대의 진정한 독립국가라고 말할 수 있겠는가. 강대국들은 허락 없이 영공을 통과하는 위성을 추락시킬 수 있는 능력까지 보유하고 있다. 국방

분야에서 이런 우주감시 문제를 누가 맡아야 하는가. 미국 우주 사령부 사령관이 공군 대장이라는 사실에서 알 수 있듯 우주작전의 1차 책임자는 공군이다.

우리 국민 대부분은 공군의 사명이 우리 영공에 들어온 적기를 격퇴하는 것 정도로 인식하고 있다. 하지만 공군의 사명은 시대에 따라 변하면서 점점 더 막중해지고 있는데 우주안보 분야도 그 중 하나다. 우주안보 분야에는 우주감시 문제 이외에도 우주측지나 우주환경 문제도 있다. 우주안보 덕분에 나는 공군과 가까워질 수 있었다. 공군의 의리가 얼마나 강했는지 내가 한국

2014년 최차규 공군참모총장 예방

천문연구원장에서 물러나고 3년이 지나서 2014년에 다른 일로 방문했어도 당시 참모총장이 극진히 맞아줬다.

우주측지 분야에서는 GPS 마비 같은 사태가 언제든지 발생 가능하다. 방해전파가 대한민국 영토 안에 들어오는 것을 무장공비가 들어오는 것과 똑같이 여기는 인식의 전환이 필요하다. GPS 교란은 대전차장벽으로 막아지는 것이 아니다. 우주환경 분야에서는 강한 태양 자기폭풍이 늘 걱정이다. 이미 NASA가 여러 차례 경고한 바와 같이 작게는 통신교란부터 크게는 정전 사태까지 모든 문제를 야기할 수 있다. 태양 활동에 따른 방사선 피폭 문제도 주의를 기울여야 한다.

공군은 오래 전부터 건배할 때 '하늘로!' 외치면 '우주로!' 답하며 우주를 향한 꿈을 키워왔고 최근 공군사관학교에 천문대도 설치했다. 나는 한국천문연구원장 시절 시험제작한 지름 1m 반사망원경 기증을 약속했고 그 약속은 지켜졌다. 공사는 천문대를 생도들의 교육에 활용함은 물론 국민에게도 과감히 공개할 방침이다. 천문대를 방문하는 청소년들이 얼마나 좋아하겠는가. 이제 공사에 지원하는 청소년들은 비행기 조종사는 물론이고 우주비행사가 되겠다는 꿈을 가지게 될 것이다.

나는 1년 동안 공군사관학교에서 천문학을 가르쳤다.

"여러분 중에서 공군 대장 우주사령관이 나와야 돼!"

"생도들은 대륙을 경영했던 우리 역사를 잊으면 절대로 안

돼!"

"남북통일은 결코 먼 얘기가 아냐. 내가 응원하는 프로야구팀이 우승하는 것보다 더 빨리 올지도 몰라!"

수업 중 내 당부에 큰소리로 답하는 공사생도들의 눈동자에서 나는 대한민국의 밝은 미래를 봤다.

이 책의 성격상 모든 분야를 다 기술할 수는 없기 때문에 내가 잘 아는 천문항공우주 분야를 대표적으로 소개했다. 과학기술의 다른 분야들은 중요하지 않다는 뜻은 결코 아니니 전혀 오해가 없기를 바란다. 예를 들어 해양학 분야도 삼면이 바다인 우리나라에서 정말 관심을 가지고 연구해야 할 분야다. 역사를 살펴보면 우리나라가 훌륭한 해상왕국이었다는 사실을 절실히 깨닫게 된다. 장보고나 이순신 같은 인물이 그냥 나온 것이 아니라는 말이다.

사실 천문학 발달 없이는 원거리 항해가 불가능하다. 따라서 천손인 우리 민족이 항해도 잘 할 수밖에 없었던 것이다. 내가 만난 우리 해군의 제독들도 천문에 관심이 무척 많았다. 나는 소설 '왕검단군 - 개천기4'에서 단군조선 시대 배를 만들어 일본까지 항해하는 모습을 그려보기도 했다.

4차 산업혁명의 자산도 결국 역사다

뉴턴이 중력을 발견한 1687년부터 꼭 300년이 되던 해인 1987년 영국 케임브리지 대학에서는 이를 축하하는 거대한 학회가 열렸다. 그 학회의 프로시딩 표지에는 어김없이 떨어지는 사과가 그려져 있었다. 그리고 호킹이 주 편집자라는 사실도 이채로웠다.

내가 미국 텍사스 대학교에서 박사 후 연수 과정에 있으면서 케임브리지 천문학 연구소를 방문했던 1989년 당시 소장을 맡고 있던 유명한 천문학자 리스 박사에게 "사과가 초록색으로 너무 맛없게 생겼다"고 농담을 건넸다. 그러자 그는 단 1초도 머뭇거리지 않고 "저것이 바로 영국 재래종 사과다. 만일 뉴턴이 정말로 사과에 얻어맞았다면 그 사과는 저런 모양을 하고 있었을 것이다"라고 대답했다.

중력 발견 300주년 기념 학회 프로시딩 표지

리스 박사는 자기가 무심코 그런 대답을 했다는 것조차 잊어버렸겠지만 나는 잊을 수가 없다. 우리에게는 이런 '사과'가 거의 없다는 사실이 항상 나의 가슴을 아프게 만들기 때문이다. 나는 지금도 학술 발표를 할 기회가 있으면 그 책표지 사진을 제일 먼저 보여주고 '사과' 이야기로 시작한다. 우리의 진정한 자산, 즉 우리의 '사과'를 찾아내고 만들어 나아가는 일이야말로 우리가 살아남는 길이다.

이제 4차 산업혁명이 시작됐다. 즉 1차, 2차, 3차 산업혁명이 기계, 전기, 인터넷 등을 기반으로 진화했다면 4차 산업혁명은 인공지능으로 대표되는 고도의 지능사회를 열었다. 냉장고에서 꺼낸 식재료가 요리사의 손을 거쳐 맛있는 요리로 둔갑하듯이 '클라우드'에 저장된 '빅 데이터'들을 '인공지능'의 알고리즘으로 분석해 미래를 예측하는 시대가 됐다. 노동이나 자본 같은 생산적 요소보다 지식이나 정보 같은 무형자산이 더욱 중요한 지식기반경제시대인 것이다.

이제 대한민국은 글자 그대로 'fast follower'를 벗어나 'first mover'가 돼야 살아남을 수 있다. 현재 대한민국은 선진국의 견제와 후발국의 추격 사이에서 무한경쟁에 노출되어 있다. 다행히 지난 삼사십 년 동안 특히 과학기술 분야에 대한 투자확대와 인력양성에 심혈을 기울여왔다. 그 결과 우리 국력이 오늘에 이르게 된 것이다. 이제 'O2O', 즉 'online'과 'offline'이 콘텐츠를 매개로 서로 결합하는 시대다. 나는 4차 산업혁명 시대를 맞이한 우리나라의 가장 중요한 '사과'가 '개친혁명'이라고 확신한다!

이렇게 역사를 가장 중요하게 보는 사람은 비단 나만 있는 것이 아니다. 세계환단학회 이홍범 회장은 '역사권력'이라는 표현으로 그 중요성을 강조하고 있다. 그는 저서 '아시아 이상주의'를 통해 이를 역설하고 있기도 하다. 유라시안 네트워크 이민화 이사장도 저서 '4차 산업혁명으로 가는 길'에서 '자부심이 없이 역사를 잃은 국가가 일류국가로 도약한 사례는 없다'라고 못을 박고 있다. 그는 실크로드 역사를 바탕으로 알타이 국가들을 다시 묶어 '빗살무늬 토기권', 유라시아 블록을 구축하자는 주장까지 하고 있다.

그 주장은 대한민국이 들어갈 수 있는 유럽의 NATO와 같은 블록이 없다는 점에서 의미심장하다. 그런데 공감대 없이 블록이 어떻게 만들어지겠는가. 상생방송의 '환단고기 북 콘서트' 러시아 편에서 나는 그 해답을 찾았다. '러시아는 환국의 시원' 같은 말을 듣는 순간 러시아라는 이름에서 늘 느껴왔던 거리감이 사라지고 갑자기 친근감이 밀려왔던 것이다. 즉 터키, 카자흐스탄, 러시아, 몽골, 대한민국에 이르는 유라시아 블록이 가능할 것처럼 느껴졌던 것이다!

이를 위해서는 무엇보다도 먼저 대한민국이 '열린 나라'가 돼야 한다. 우리 주변에는 외국에 사는 교포들을 '조국을 떠난 배신자'로 보는 꽉 막힌 사람들도 의외로 많다. 이제 세계에 퍼져 있는 우리 한민족을 글로벌 네트워크로 통합하고 이를 기반으로 세계경영에 나서야 할 때다. 세계화 시대를 열어갈 열쇠는 결국 개천혁명을 통해 교포들과 공유된 개천, 천손, 홍익정신이 쥐고 있다는 사실을 깨달아야 한다.

4차 산업혁명도 결국 사람이 하는 것이다

한국천문연구원장을 하면서 연구기관 기관장으로서 국민을 볼 면목이 없었던 일들이 많았는데 그 중 하나가 노벨상 문제다. 물론 누군가 노벨상을 받고 안 받고 그것이 중요한 일은 아니다. 하지만 일본이 과학기술 분야에서 20명 가까이 노벨상을 받는 동안 우리는 1명도 받지 못했다면 그것은 문제가 아닐 수 없다. 이는 우리나라의 장래가 어둡다는 징표이기 때문이다.

그동안 정부, 연구소, 대학도 나름대로 최선을 다했다고 생각한다. 하지만 결과가 그런 것을 어찌 변명하겠는가. 문제는 앞으로도 대한민국 과학자 중에서 노벨상 수상자가 나오는 일이 요원해 보인다는 것이다. 나온다 하더라도 '한국이 낳은' 수상자가 나오는 것이지 '한국이 기른' 수상자가 나올 것 같지는 않다.

이제 교육 분야에서도 다른 나라에서 시도하지 않는 창의적인 일을 시도할 때다. 글자 그대로 이제 'fast follower'를 벗어나 'first mover'가 돼야 하는 것이다. 늘 그런 생각을 하던 중 체육 분야에서 힌트를 얻었다. 유소년부터 축구교육을 받은 선수들이 세계적인 선수가 되고 연구생으로 잔뼈가 굵은 바둑기사가 세계를 제패하지 않는가. 나는 우수한 우리 민족의 슈퍼영재들을 육성하는 문제에 대해 관심을 갖게 됐다. 물론 과학과 체육은 다르다. 하지만 비슷한 시도를 해볼 가치는 있어 보였다. 이제 박사학위는 고급 자격증에 불과한 시대 아닌가.

체육 경기는 이번에 져도 다음에 이기면 된다. 사실 다음에 이기면 오히려 더 기쁠 수도 있다. 하지만 과학은 그렇지 못하다. 과학은 이번에 지면 다음에도 질 가능성이 훨씬 높다. 과학이 진다는 것은 곧 나라가 망한다는 뜻이며 이는 조금도 과장된 표현이 아니다. 특히 우리나라처럼 영토가 작고 자원이 부족한 나라는 인재양성만이 살길인 것이다.

초등학교 5~6학년 나이에 고등학교 검정고시를 통과할 수 있는 슈퍼영재 아이들이 적어도 수백 명은 있다고 여겨진다. 고사리 손으로 컴퓨터 키보드를 두드리며 자란 아이들은 우리 어른들과 다르기 때문이다. 여기에는 인터넷 강의가 넘쳐나는 'IT 강국' 대한민국의 독특한 환경도 기여하고 있다. 이런 아이들은 우리나라의 보장자산이다.

문제는 이런 영재들이 과학고에서 공부를 아주 잘 해 고1, 고2

나이에 대학을 진학해도 대학의 언니오빠들 사이에 섞어 놓으면 결국 소멸된다는 것이다. 이 아이들은 술도 못 먹고, MT도 못 가고, 항상 외롭고…… 정상적인 대학생활을 할 수가 없기 때문이다. 사실 대학생 언니오빠들이 어른스럽게 다독거리며 챙겨준다는 보장도 없지 않은가. 이 아이들은 따로 모아 놓아야 살릴 수 있다. 그래서 나는 정원이 한 학년에 10~30명 정도밖에 안 되는 영재대학 설립 문제를 항상 생각해왔다. 기존의 영재학교나 과학고등학교 시스템도 우수하지만 영재대학은 10대 박사를 배출할 수 있다는 점에서 분명히 차별화된다.

영재대학 입학과 관련된 '치맛바람'을 어떻게 막느냐? 간단하다. 예를 들어 입학 요건을 '만 11세 안에 중·고 검정고시를 모두 통과한 어린이' 같이 정하면 된다. 이 정도면 부모가 밀어붙인다고 될 일이 아니기 때문이다. 부정입학을 절대로 허용하지 않고 낙하산 교수도 받아들이지 않을 수 있을 때만이 영재대학은 성공할 수 있을 것이다. 특히 집이 어려운 아이들에게 큰 도움이 돼 개천에서 용이 나올 수 있게 될 것이다.

슈퍼영재들은 공부만 해서는 안 된다. '공부하는 기계'를 만들어 어쩌자는 것인가. 영재대학 아이들은 밴드를 하고, 미술 전람회를 열고, 연극을 공연해야 한다. 그런 가운데 외국어를 조기 교육해 글로벌 리더가 될 수 있게 해야 한다. 이렇게 자란 10대 박사들은 미래에 노벨상, 필즈상을 받게 될 것이다.

이런 생각을 하면서 살던 중 2006년 4월 슈퍼영재로 알려진 송유근 군을 과학의 달 행사장에서 우연히 만나게 됐다. 유근이는 당시 초등학교 3학년 나이로 모 대학에 다니고 있었다. 나는 공부하는 데 참고하라며 유근이에게 졸저 '이공대생을 위한 수학특강' 옛날 버전을 선물로 줬다. 그러자 유근이는 그 책이 너덜너덜해지도록 읽었다.

이를 기특히 여긴 나는 2006년 여름방학 동안 그 책을 교재로 유근이를 직접 가르쳐줬다. 유근이는 10번에 걸쳐 한국천문연구원이 있는 대전에 꼬박꼬박 내려와 수업을 받았고 마치 스펀지가 물을 빨아들이듯 지식들을 흡수해댔다. 이런 일이 인연이 돼 송유근 군은 3년 뒤인 2009년 3월 한국천문연구원 대학원 과정에 입학해 내 제자가 됐다. 유근이를 3년이나 지켜본 뒤 데려왔던 것이다. 당시 유근이는 학점은행 제도로 학사과정을 마쳤지만 오갈 데가 없었다.

송유근 군이 영재대학이 없어 피해를 본 첫 사례다. 유근이는 중·고 과정을 검정고시로 1년에 둘 다 끝냈지만 대학과정이 문제였다. 어렵게 입학한 대학을 도태되기 전에 포기하고 학점은행 제도를 통해 겨우 학사학위를 취득할 수 있었다. 그런데 이 제도에는 이공계가 없어 유근이는 컴퓨터를 전공할 수밖에 없었고 대학원에 들어와서도 대학과정 수학과 물리학을 거의 2년 동안 다시 공부해야만 했다. 그래서 대학원 재학연수도 늘어나게 된 것이다.

송유근 군 때문에 많은 사람들이 나를 선행학습 지지자로 오해하는 것 같은데 사실은 전혀 그렇지 않다. 나는 내 자식들에게 단 한 번도 선행학습을 시킨 적이 없다. 대부분의 어린이들을 선행학습의 함정에서 구출해 밝은 표정을 갖도록 해야 한다고 생각한다. 하지만 내가 부모들을 면담해본 결과 어떤 슈퍼영재들은 재미없어서 학교 다니기를 싫어하고 아이들로부터 질시를 받아 왕따가 된 경우까지 있었다. 이런 아이들이나 가난한 집에서 태어난 슈퍼영재들은 영재대학에 들어오면 살아남을 수 있다고 믿는다. 이처럼 나는 슈퍼영재교육 문제를 가지고 10년 넘게 고민해 왔다. 우리나라가 앞으로 살아남을 길이 오직 인재개발에 달려있다는 점을 고려하면 이는 정말 중요한 문제가 아닐 수 없었다. 하지만 사람들은 대부분 슈퍼영재교육 문제에 반대하고 있다. 사람들은 이 문제를 단 5분도 진지하게 생각해본 적 없고, 사실 잘 모르는 데다, 괜히 아이만 잡는 것처럼 색안경을 끼고 보기 때문이다. 일부는 심술도 조금 있고, 어차피 자기는 상관없기 때문에 반대하고 보는 것이다. 대부분의 사람들이 부정적인 생각을 가지고 있는 일을 밀어붙이기란 정말 힘들었다. 그리고 결국 문제가 터졌다.

송유근 군이 나와 함께 연구한 결과를 2015년 7월 미국의 '천체물리학 저널'에 투고해 논문이 게재됐다. 그런데 그 논문이

2003년 내가 프로시딩, 즉 학술발표문집에 실은 내용과 비슷하다는 것을 알고 인터넷 사이트 회원들이 저널 측에 엄청난 숫자의 항의메일을 보냈던 것이다. 그러자 150년 역사 초유의 사건에 놀란 저널 측에서 황급히 임시위원회를 열어 논문을 철회하기에 이르렀고 유근이의 2016년 박사학위 취득은 물거품이 됐다. 임시위원회 이틀 전에 내가 문의했을 때 '프로시딩이 본인의 것이므로 문제 될 여지가 전혀 없다'라는 확인 메일을 보내줬던 편집책임자도 입을 다물었다.

킵 손 교수는 2015년 5월 나와 송유근 군을 직접 만난 자리에서 논문 초안을 보고 자기가 유도한 방정식을 한 단계 더 업그레이드한 결과에 흡족해하며 다음 과정에 대한 조언을 줬다. 그리고 2015년 7월 익명의 첫 논문심사자는 한 달만에 논문 게재를 승인했다. 이 논문은 블랙홀 전기역학에 관한 것으로 전공자가 세계적으로 10명 남짓한 분야다. 나를 빼더라도, 적어도 그 중 2명의 전공자가 인정한 논문이 철회된 것이다. 그것을 결정한 임시위원회에는 틀림없이 단 한 명의 전공자도 없었을 것이다. 적어도 다음 두 가지는 분명한 '팩트'다.

첫째, 논문과 프로시딩은 비슷할 수밖에 없지만 이것 때문에 문제가 된 사람은 세계적으로 송유근 군밖에 없다. 즉 유근이니까 문제가 됐던 것이다. 일반인은 몰라도 프로시딩이 무엇인지 아는 대학원생 정도면 모두 내 말에 수긍할 것이다. 아주 나쁜

전례를 만든 만큼 앞으로 누구든지 걸면 걸리게 됐다.

둘째, 논문과 프로시딩이 비슷하다고 징계를 받은 사람 역시 세계적으로 나 하나밖에 없을 것이다. 내가 희생돼야 유근이를 살릴 수 있다는 생각에 나는 아무런 저항도 하지 않았고 일찌감치 기자회견을 열어 프로시딩을 참고문헌 목록에서 뺀 것이 내 불찰이었다고 사과 아닌 사과를 했다. 이미 저널 측에서 게재를 철회한 마당에 달리 선택의 여지도 없었던 것이다.

사람들은 그저 나란히 펼쳐놓은 논문과 프로시딩이 비슷하다는 '팩트'에 선동돼 유근이와 나를 비난하기 시작했다. 한국천문연구원장을 지내며 직원들과 좋은 일만 있었던 것도 아니었고, 항상 동료 과학자들의 질투도 받았고, 개천혁명을 외치는 가운데 '국뽕'이나 '환빠' 소리를 듣고 산 나였지만 처음 며칠은 정말 힘들었다. 그러니 어린 유근이와 부모는 오죽했으랴. 여론몰이에 한 번 당해보니 정말 무서웠다.

나는 블로그도 폐쇄하지 않고 쏟아지는 질문에 일일이 답을 했다. 하지만 뉴스가 나가자 마치 정치인이나 연예인 논문표절 사건처럼 다뤄지면서 어른들의 욕심이 애를 망쳤다, 부모가 문제가 있다, 교육이 무엇인지 모른다, 예상된 일이었다…… 온갖 비난이 인터넷에 쏟아졌다. 이후 스토커도 몇 명 등장했고, 반성의 기색이 없다며 확인사살을 시도하는 사람도 있었다. 특히 기존 영재교육 관련자들은 무슨 이유에서인지 비난수위를 높였다.

일부 공무원들까지 비웃는 가운데 나를 기다리고 있던 것은 살벌한 청문회와 가혹한 징계뿐이었다.

나는 징계를 내린 동료들을 원망하지 않는다. 왜냐하면 내가 그 자리에 있었어도 별 수 없었을 것이기 때문이다. 나는 결국 유근이의 지도교수 자리에서 물러나 한국천문연구원 연구위원으로서 단순한 멘토가 됐다. 다행히 기자회견 당일 '신율의 시사탕탕' TV 프로그램에서는 패널들이 토론을 벌여 '아무런 문제가 없으니 송유근 군은 기죽지 말고 더욱 열심히 해라'는 결론을 내려줬다. 많은 사람들이 블로그나 페이스북에서 나와 유근이를 끝까지 믿겠다며 위로했고 예정됐던 내 외부강연들도 전혀 취소되지 않았다. 이런 일들은 정말 큰 힘이 됐다.

나는 멘토로서 유근이를 끝까지 도와줄 생각이다. 원래 나는 한국천문연구원장 입장에서 뒤를 돌봐주는 역할만 맡으려고 했었다. 하지만 논문지도를 약속했던 사람들이 이런저런 핑계를 대며 하나둘 발을 뺐고 결국 유근이를 데려온 내가 책임을 떠안게 됐다. 수학을 지도한 이화여대 조용승 명예교수와 물리학을 지도한 충남대 박병윤 교수가 끝까지 같이 남아줬다. 두 훌륭한 스승에게 지면을 통해서나마 감사의 말을 남긴다.

지금쯤 킵 손 박사 같은 대가가 이끄는 선진국 연구그룹에 들어가서 박사 후 연수과정을 밟고 있어야 할 유근이를 생각하면 가슴이 메어진다. 하지만 나는 유근이를 걱정하지 않는다. 이미

방한 중인 '인터스텔라' 킵 손 교수를 만난 송유근 군 가족과 나

박사 자격을 갖춘 만큼 앞으로 인생을 잘 헤쳐나아가리라 확신한다. 모든 면에서 뛰어난 유근이가 꼭 과학의 길을 가야할 이유도 없다고 생각한다. 독자들도 관심을 가지고 이제 성인이 된 유근이를 지켜보며 앞으로도 계속 격려해주기를 진심으로 바라마지 않는다.

4차 산업혁명도 결국 사람이 하는 것이다. 영재대학을 설립하는 일이 우리나라를 살리는 길의 하나라고 믿는다. 내 소신이 완벽하게 옳다고 말할 수는 없으나 최소한 시도할 가치는 있다고 본다. 그런데 이런 문제는 다수결로 결정돼서는 안 된다. 예를 들어 슈퍼영재들에게 병역혜택을 주자면 아마 비난을 받게 될 것이다. 하지만 운동 잘하고 바둑 잘 둬도 병역혜택 받는 나라에서 나라의 장래를 짊어질 검증된 슈퍼영재들에게 왜 주지 못하는가.

당장 일본이나 중국의 슈퍼영재들은 결정적 시기에 병역이나 대체근무에 묶이지 않고 세계를 누비면서 일취월장 크지 않는가. 왜 체육부대는 있는데 더 중요하다고 볼 수도 있는 '과학부대'는 없는가. 체육부대의 구호는 '조국의 영광, 여기서 우리가!'라고 한다. 그렇다면 '과학부대'의 구호는 '조국의 미래, 여기서 우리가!' 정도 되지 않겠는가. 이런 부대가 있으면 젊은이들에게 부담스러운 병역이 꿈으로 바뀔 수도 있을 것이다. 정치가들은 병역자원 부족 등 뻔한 이유를 대며 무시하지만 말고 한 번 신중하게 검토해주기 바란다.

많은 젊은이들이 대학시절 중간에 입영하고 있는 실정이다. 대한민국 젊은이로서 당당하게 병역을 치르면서도 이공계 소양을 잃지 않는 길은 없을까. 젊은이들이 징병되는 나라는 세계적으로도 많지 않다. 이런 우리나라의 현실이 생각하기에 따라서는 오히려 더 유리할 수도 있겠다는 생각이 든다.

우리나라처럼 징병제를 실시하는 이스라엘에는 '탈피오트'라는 부대가 있다. 이 부대의 교과과정은 가장 기초가 되는 수학, 물리학, 전산학 등으로 구성됐다. 이스라엘은 이 부대의 '예비군'들이 연구를 계속하거나 창업을 하도록 유도하고 있다. 당연히 기업에서도 이 부대 '예비군'들은 환영받는다. 우리도 이런 부대를 만들면 안 될까. 획기적이고 총괄적인 인재육성정책을 공약으로 내걸 수 있는 대통령 후보가 아쉽다.

나는 왜 '개천혁명'을 외치는가

지금은 절판되고 없는 졸저 '하늘을 잊은 하늘의 자손'이 있다. 이 책의 전신이라고 할 수 있는데 나는 그 제목을 정말 잘 지었다고 생각한다. 왜냐하면 현재 우리 민족의 모습을 한 줄로 정확히 표현했다고 확신하기 때문이다.

사람들은 장엄한 역사를 까맣게 잊은 채 아직도 단군신화를 얘기한다. 해방된 지 70년이 넘었건만 아직도 식민사학의 잔재에서 벗어나지 못하고 있다. 조상들이 피로 지킨 고구려의 성들이 중국의 동북공정에 의해 만리장성으로 편입됐어도 구경만 하고 있다. 읽어보지도 않고 '환단고기'를 창작물이라고 흉을 본다. 구시대의 유물 '주사파'는 있어도 '개천파'는 없다. 개천절 공식행사에 30년 가까이 어느 대통령도 참석하지 않고 있다…….

정말 혁명적 변화가 절실한 현실 아닌가. 우리나라는 어디로 가야 하는가. 나는 그 해답을 MBC 연속극 '주몽'에서 찾았다. '주몽'은 2006년부터 2007년까지 총 81회 방영되며 엄청난 인기를 누렸다. 이 연속극은 우리 국민들에게 새로운 역사인식을 심어준 것으로 평가된다.

단군조선은 무려 2096년간이나 이어졌다. 즉 반만년 우리 역사를 축구에 비유한다면 '전반전'은 조선에 해당된다고 해도 과언이 아니다. 환웅배달은 일단 빼고 생각해도 그렇다. 조선이 망한 것은 유라시아 대륙의 역사적 대사건이었다. 배달민족이 화하민족을 교화해준 '전반전'이 끝나며 대륙의 패권은 배달민족에서 화하민족으로 넘어가게 된 것이다. 배은망덕한 한나라는 조선의 흔적을 지우기 위해 한사군을 설치하고 유민들을 노비로 삼았다.

'주몽'은 바로 이 시대를 배경으로 삼고 있다. 즉 반만년 우리 역사의 '하프타임' 무렵이다. 한나라에 잡히지 않은 단군조선 유민들은 도망을 다니며 짐승만도 못한 생활을 했고 일부는 뿔뿔이 흩어져 부족국가들을 세웠다. 주몽이 지휘한 다물 군대의 '대업'은 이들을 다시 통합시켜 단군조선 같은 나라를 세우는 일이었다.

제작진들은 주몽이 찾아낸 단군조선의 영토 지도를 몇 번 클로즈업시킴으로써 '대업'이 어떤 것인지 시청자들에게 각인시켰다. '천지신명'이라는 말이 지겹도록 되풀이될 정도로 주몽은 철저하게 '하늘의 뜻'을 따른다. 그리고 대낮 하늘에서 일어난 일식을 계기로 주몽은 우뚝 일어서게 된다. 그리하여 우리 역사의 '후반전' 들어 주몽이 세운 고구려가 다시 '골'을 넣었다. 하지만 그게 마지막이었다. 이후 대륙을 잃은 우리의 '후반전'은 참담했다. '전반전'에 넣은 '골'만큼 '후반전'에 먹은 것이다.

어떻게 보면 현재의 동북아 정세는 '주몽'의 배경이 된 시대와 비슷하다. 대한민국을 부족연합체 졸본, 북한을 부여, 유라시아 대륙 여기저기에 퍼져있는 고려인과 조선족들을 단군조선의 유민이라고 간주하면 말이다. 여기서 대한민국을 졸본에 비유한 것은 주몽이 제일 먼저 뿌리를 내리고 '대업'의 터전으로 삼았기 때문이다.

현재 사분오열된 대한민국은 통합 이전의 졸본과 비슷하다. 나는 '21세기의 주몽'을 뵙고 싶다. 개천혁명을 외치며 '개천풍'에 펄럭이는 깃발 아래에서 '대업'을 꿈꿀 그는 반드시 나타날 것이다. 왜냐하면 역사는 반복되기 때문이다. 분열과 통합의 역사를 반복한 중국이 다시 분열되는 날 하늘은 그에게 기회를 줄 것이다. 반만년 우리 역사의 후반전 추가시간에 '골든골'을 넣을 기회를……

나는 '21세기의 주몽' 다물 군대에 백의종군하고 싶다. 하지만 일제로부터 광복을 맞이한 지 어언 75년이 지난 지금도 현실은 암담하기 짝이 없다. '역사광복'을 이루지 못한 채 아직도 학교에

2019년 개천문화국민대축제에서 개천혁명을 외치는 나

서 식민사학을 배우고 있지 않은가. 생각이 있는 국민이라면 이에 분노하지 않을 수 없다. 분노로만 그쳐서는 안 된다. 이제 각성하고 행동해야 한다.

다행히 2013년 많은 애국시민들이 모여 '역사광복'을 목표로 사단법인 대한사랑을 결성했다. 이 단체 회원들은 출범 이후 시간과 장소를 가리지 않고 '역사광복'에 매진해 왔다. 나는 2019년 8월 1일부터 이 단체의 이사장을 맡아 개천혁명을 이룩하기 위해 최선을 다하고 있다. 대한사랑을 정치, 종교, 지연, 학연 등과 무관한, 순수한 애국단체로 성장시킬 생각이다.

취임 후 2019년 10월 2일 서울 올림픽공원 올림픽홀에서 열린 '개천문화국민대축제'에는 태풍이 왔는데도 4천 명이 넘는 회원들이 모여 세를 과시했다. 그 다음해인 2020년 11월 15일 열린 '세계개천문화대축제'는 코로나 정국 때문에 온라인으로 열렸지만 오히려 세계를 상대로 더 확대된 모습으로 성공리에 막을 내렸다.

나는 특히 대한민국의 젊은이들에게 개천혁명을 외치고 싶다. 여러분이야말로 혁명의 선봉에 나서야 할 사람들이다. 자기의 이념이나 종교 때문에, 식민사학에 속아서, 그리고 본인이 모른다는 이유로 혁명의 당위성을 부정하지 말라. 꿈과 희망을 가지고 혁명에 매진하다 보면 여러분은 남북통일을 이루고 고토까지 회복한 위대한 조국 대한민국에서 살게 될 것이다. 대한민국의 젊은이들이여, 그날을 상상하라!

2020년 세계개천문화대축제 포스터

끝으로

하늘을 공부하며 하늘의 뜻에 따라 살다보니 정말 훌쩍 시간이 지나갔다. 그 동안 신성한 개천혁명의 의미를 깨닫고 이 책을 쓸 수 있어서 마음이 뿌듯하다. 지난 60여년을 헛살지 않은 느낌이랄까. 참고문헌보다는 TV 연속극이나 다큐멘터리 장면들을 보여주는 방식으로 최대한 쉽고 재미있게 썼다. 물론 더 많은 국민들이 읽을 수 있도록 만들기 위해서다.

내 초등학교 시절 대전의 유등천과 갑천은 물고기들의 천국이었다. 여름이면 밤이 늦도록 허리를 구부리고 신나게 물고기를 잡는 것이 일과였다. 그러다 보면 아파서 허리를 펴야 되고, 허리를 펴면 여름철 남쪽 하늘의 은하수가 보석 같은 별들과 함께 아이맥스 영화 장면처럼 눈앞에 펼쳐졌다. 그리하여 나는 초등학교 저학년 때 일찌감치 '별 내림'을 받게 됐다.

이후 '별이 씌운' 나는 단 한 번도 다른 직업을 생각해본 적이 없었다. 초등학교 시절에는 집 뒤편의 장독대에 올라가 별을 봐 어른들에게 '애가 청승맞다' 같은 말을 듣기도 했다. 이 '장독대 천문학'과 전과에서 베낀 내용들이 결합돼 3권의 책으로 만들어졌다. 이것들은 나의 일생에 큰 도움이 됐다. 공부하는 일이 버거울 때마다 이 책들을 넘겨보며 힘을 얻었기 때문이다.

중학교 3학년 시절 봄 소풍 때 한 친구가 무덤 꼭대기에 올라가서 '해 뜨는 집'이라는 노래를 영어로 불렀다. 그런데 무덤 바로 아래서 다른 친구가 폼을 잡고 기타로 반주를 하고 있지 않은가. 나는 '그래, 이거다! 앞으로 기타를 쳐야겠다!'고 결심했다.

초등학교 시절 내가 만든 천문학 책들

Am-C-D-F 코드로 이어지는 '해 뜨는 집'의 기타 전주를 들으면 나는 지금도 가슴이 뛴다. 마침 집에 대학 다니던 형이 산 기타가 하나 있어 바로 맹연습에 들어갈 수 있었다. 당시 내 우상이었던 '벤처스'의 곡들을 주로 연습했다. 공부한 시간보다 기타를 친 시간이 더 많을 정도였다.

고등학교에 들어가니 학교에서 음악 시간에 기타를 가르쳐주는 것이 아닌가. 나는 팝송에 푹 빠져들었다. 기타 실력도 늘었지, 영어도 더 배웠지, 형이 전축도 하나 샀지…… 모든 여건이 완벽하게 갖춰졌던 것이다. 나는 타고난 '고음불가'였지만 고등학교 시절 100곡 이상 가사를 외워서 기타를 치며 노래를 불렀다. 영어 노래가 절반이 넘었으니 영어 성적이 좋을 수밖에 없었다. '슈베르트의 세레나데' 같은 노래들은 독일어 성적을 올려줬다. 즉 음악을 즐기면서 외국어까지 잡은 셈이었다. 이런 직접경험에서 자연스럽게 우러나온—세 마리 토끼도 한 방향으로 몰면 다 잡을 수 있다—좌우명을 갖게 됐다.

고등학교 때 친구들과 놀러가도 기타반주는 당연히 내 몫이었다. 아웃도어에서 밤에 불을 피우고 둘러앉아 '비바람이 치던 바다, 잔잔해져 오면……' 등을 노래하는 것보다 더 좋은 인성교육은 당시 없었다. 수학과 과학을 원래 좋아하고 영어와 독일어가 뒷받침되니 학교성적도 나쁠 수가 없었다. 이렇게 닦은 음악적 소양이 나중에 '개천가'를 작곡할 때 도움이 된 것은 물론이다.

나는 고3이던 1975년 여름방학 때 서독, 지금 독일에 한 달이나 여행을 다녀왔다. 서독대사관의 선발시험 전국 3등 안에 들고, 문교부의 허락을 받고, 외무부에서 여권을 받고, 중앙정보부에서 교육을 받은 후에야 출국할 수 있었다. 이 당시 출국하는 일은 지금과 완전히 달랐던 것이다. 여행 당시 지름이 100미터에 이르는 에펠스베르크 전파망원경을 두 눈으로 직접 보고 천문학을 향한 나의 결심을 더욱 굳히게 됐다. 중·고등학교 시절 나는 블랙홀을 다루는 이론 천문학에 강한 흥미를 갖게 됐다. 왜냐하면 그 분야가 가장 재미있고 어렵게 느껴졌기 때문이었다.

여행을 전후해 거의 석 달 동안 제대로 공부하지 못했지만 꿈에 그리던 서울대 이공계열에 1976년 무난히 입학할 수 있었다. 하지만 이후 천문학과에 배정된 후 여러 가지 어려움을 겪었다. 전공한 교수님이 없어 아인슈타인의 상대성 이론을 거의 독학하다시피 공부했는데 이것이 나중에 박사 학위를 받는 데 큰 도움이 됐다.

대학 시절 나는 1972년 남궁호 회장에 의해 창립된 한국아마추어천문가회의 청년부장을 맡았었다. 한국아마추어천문가회는 임의단체였지만 현 사단법인 한국아마추어천문학회의 전신이다. 방학 때 천체 관측 모임을 떠나면 '낮에는 노래 따라, 밤에는 별 따라' 시간을 보냈다. 당시 중학생이나 고등학생이었던 후배들을 만나면 그때 에피소드들을 그렇게 재미있게 얘기할 수가

고등학교, 대학교, 군대 시절의 나

없다. 한국아마추어천문학회 정규성 전 회장 같은 후배는 별과 자연 속에서 최고의 교육을 받았다고 자신 있게 증언한다.

1980년 대학원에 진학하자마자 대학 신입생들을 모아 서울대 아마추어 천문학 동아리를 만든 일이 가장 기억에 남는다. 하지만 5·18 때문에 학교가 문을 닫는 등 여러 가지 이유 때문에 나는 대학원 수학을 포기했다. 그리하여 나는 1981년 육군에 입대해 1983년 병장으로 제대하게 된다. 이후 미국 텍사스 대학교로 유학을 떠나 1987년 거대한 블랙홀에 관한 논문으로 박사학위를 받게 된다.

학위를 받은 바로 그 대학에서 다시 3년에 걸친 박사 후 연수 과정을 마치고 귀국한 나는 잠시 강사 생활을 하면서 1991년 만 34세의 나이에 한국아마추어천문학회를 창립했다. 여러 가지 이유로 초대회장도 맡게 됐는데 이때 최초로 '별 축제'라는 말을 국내에 도입했다. 또한 당시 출판된 저서 '스티븐 호킹의 새로운 블랙홀'이 베스트셀러가 되면서 '블랙홀 박사'라는 별명도 얻게 됐다. 한국아마추어천문학회가 창립됐을 당시 회원이 백 명도 안 됐지만 현재는 천문학 동아리가 없는 학교가 드물 정도니 한국의 아마추어 천문학 인구는 어림잡아도 십만 명에 이른다.

나는 1992년 한국천문연구원, 당시 천문대에 들어간 후 천체사진공모전, 천문력 발행, 교사천문연수 등의 새로운 업무를 만들었다. 특히 1996년 전국 교사들을 상대로 시작된 교사천문연수는 다녀간 교사만 6천 명이 넘었다. 천문학 동아리가 없는 학

한국아마추어천문학회 창립총회를 마치고

교가 드물게 된 이유다. '과학동아' 같은 과학잡지에 수십 편의 글을 기고하기도 했다. 이때부터 인연이 맺어져서 나중에 한국아마추어천문학회장까지 떠맡아준 동아사이언스 김두희 사장에게 감사의 말을 남긴다.

특히 1994년의 슈메이커 - 레비 혜성의 목성 충돌, 1996년의 햐쿠다케 혜성 출현, 1997년의 헤일 - 봅 혜성 출현 같은 천재일우들을 활용해 천문학 홍보에 최선을 다했다. 내가 마침 홍보임무를 맡고 있던 시절 하늘이 어떻게 이리 신나게 도와줬는지 지금 생각해도 신기할 따름이다. 수십 년에 한 번 있을까 말까 한 일들이 5년 안에 세 번이나 일어난 것이다! 즐겁고 보람 있게 일을 하면서 동료 천문학자들과도 좋은 추억을 만들어 나아간 경험은 나중에 한국천문연구원장이 된 후에도 큰 도움이 됐다.

내가 어렸을 때에는 주위에 천체망원경은 물론이요 천문학 책도 아예 없었다. 그래서 나는 자연스럽게 아이들에게 천체망원경을 보여주는 일에 관심을 갖게 됐고 또한 '내가 어렸을 때 이런 책이 있었더라면 얼마나 좋았을까' 하는 심정에서 여러 종류의 천문학 책을 구상했다.

책들을 집필하는 동안은 언제나 즐거웠다. 잠이 안 오는 새벽에 생각했고, 연말연시에 출근해 내용을 정리하기도 했으며, 심지어 술을 마시거나 바둑을 두는 중에도 구상했다. 돌이켜보니 그동안 천문학을 공부하고 싶은 사람이 있다면 어려움이 없도록

한국천문연구원 초기 활동 모습

쉬운 책부터 어려운 책까지 20권 가까이 집필했다. 그 중 '스티븐 호킹의 새로운 블랙홀'을 포함해 절반 가까이 책방에서 사라졌지만 아직도 베스트셀러 '블랙홀이 불쑥불쑥' 등이 남아 있다.

한편 나의 고향이자 근무지인 대전에 시민천문대를 건립하는 일을 1996년부터 지속적으로 추진했다. 이 과정에서 나는 세상을 바꾸는 일이 얼마나 피곤하고 힘든 일인지 실감했고 요령도 터득하게 됐다. 시민천문대가 무엇하는 곳인지 아는 사람조차 거의 없는 상황에서 설득에 설득을 거듭할 수밖에 없었다. 어쨌든 2001년 5월 3일 대전시민천문대가 문을 열게 됐다. 당시 홍선기 시장, 박성효 국장, 양승찬 사무관 등 수고한 사람들에게 감사의 말을 남긴다.

한 번 세워 놓으니 얼마나 좋은가. 대전시민천문대를 벤치마킹한 다른 지역 시민천문대가 줄줄이 만들어지는 것을 보고 '참, 역시 다이내믹 코리아로다!' 하고 감탄했다. 동네 노래방 하나 잘 되면 서너 개 생기는 것은 일도 아니지 않은가. 이것이야말로 대한민국의 저력인 것이다.

한편 영월 봉래산에 별마로천문대를 세우는 사업도 대전시민천문대와 거의 동시에 추진됐다. 당시 김태수 군수와 이형수 과장의 이해와 헌신이 있었기에 그 사업은 성공리에 마무리될 수 있었다. 무려 5년이 넘도록 영월에 같이 다닌 고 조경철 박사와 한국아마추어천문학회 이태형 전 회장에게 감사의 말을 남긴다.

하늘이 도와 2005년 만 47세의 나이에 나는 노무현 대통령 시절 임기 3년의 한국천문연구원 3대 원장이 됐다. 그리고 이명박 대통령으로 정권이 바뀐 2008년에 다시 4대 원장으로 연임이 됐다! 삼백 명 가까운 공공기관장 중 당시 연임에 성공한 사람은 나 하나라고 들었다. 하늘은 정말 나를 확실하게 도와줬던 것이다. 그리하여 2005년에 100억 원 규모였던 한국천문연구원 예산을 2011년에 500억 원 규모로 만들어놓고 물러날 수 있었다. 마지막으로 발표한 2011년 신년사에서 나는 그토록 외쳐보고 싶던 '천문강국! 대한민국!'이란 말을 힘차게 외쳤다.

물론 차세대 천체망원경 GMT 사업에 참여한 것이 가장 기억

2001년 준공식을 마친 대전시민천문대의 모습

에 남는다. 천문대장 할 일이 망원경 만드는 것 아닌가. 한국천문연구원을 믿고 지원해준 당시 정부와 국회 그리고 모든 관련 기관들에게 지면을 통해 다시 한 번 감사의 말씀을 남긴다. 여러분이 올바른 결정을 내렸다는 사실은 머지않아 증명될 것이다. 한 나라의 천문대도 마구 없애던 옛날에 비하면 우리 공직자들도 많이 발전했다. 예산이 확정되던 그날의 기쁨과 감격을 나는 평생 잊지 못할 것이다. 천문대장의 행복이랄까. 한동안 자다가도 일어나 웃을 정도였다.

이외에도 2005년부터 2011년까지 6년 동안 한국천문연구원 역사상 '처음으로' 한 일들만 따져도 꽤 많았다. 그 중 몇 가지만 나열해 본다.

- 정부와 국회를 설득해 2010년 '처음으로' 천문법이 제정공포되도록 함으로써 음력과 한국천문연구원의 존립 법적근거를 마련
- 우주작전의 중요성을 호소해 '처음으로' 공군 참모총장 일행이 한국천문연구원을 방문하도록 함
- 복원한 천상열차분야지도를 설치하는 등 '처음으로' 역사와 전통을 보여주는 현관을 조성

한국천문연구원의 GMT 참여 서명 순간

- 기술과 무관한 연구소라는 고정관념을 깨기 위해 '처음으로' 중소형 망원경 생산에 들어가 첫 작품을 공군사관학교 천문대에 기증

- 별 축제 행사를 '처음으로' 대한민국 별 축제로 확대해 서울 올림픽 공원에서 수백 대의 천체망원경이 펼쳐지는 장관 연출

- 서포터 육성정책을 '처음으로' 시행하면서 사단법인 한국아마추어천문학회 등의 천문단체들을 적극 후원

60여년 인생을 돌이켜보니 크든 작든, 나는 많은 사람들이 부정적인 생각을 가지고 있는 일들을 참 많이 하고 살았다. 우리나라의 많은 공직자들이 옳다고 믿는 일에 선뜻 나서지 못하고 있다. 남들이 하지 않는 일에 나서면 결국 바보가 되는 일이 비일비재하기 때문이다. 그런 기준에서 보면 나는 바보임에 틀림없다. 굳이 송유근 군을 가르친 것을 예로 들 필요도 없다.

일단 천문학을 전공한 것부터가 바보 인생의 시작이었다. 학창시절 천문학을 공부한다고 하면 부모님부터 선생님까지 모든 어른들이 나중에 '돈도 없고 힘도 없는' 분야를 왜 공부하느냐며 말렸다. 결혼할 때도 솔직히 좋은 신랑감은 못 됐다. 돌이켜보니 어른들 말씀이 글자 하나 틀리지 않았다. '돈도 없고 힘도 없이' 회갑을 맞이하고 있지 않은가.

하지만 내가 어른들 말씀을 따랐다면 이 '개천혁명'이라는 책

과 소설 '개천기' 시리즈를 쓰지 못했을 것이다. 나는 그것으로 족하다. 나를 강연에 불러주는 사람들, 강연이 끝나고 사진을 같이 찍으려는 사람들, 내 블로그나 페이스북 등에 덕담을 남겨주는 사람들…… 나는 너무 행복하다. 하지만 조강지처 박선희 박사와 두 딸 수진이, 예진이에게 '돈도 없고 힘도 없는' 남편, 아빠로서 항상 미안한 마음을 가지고 살았다고 고백하고 싶다.

나는 하늘을 공부하는 천문학은 아무나 할 수 없다고 생각한다. 무인에게 '무골'이 있듯이 천문학자에게는 '천골'이 있어야 한다고 믿기 때문이다. 이 책 '개천혁명'을 출판함으로써 나는 아마

한국천문연구원장 시절 사진 몇 장

식민사학의 바이러스에 감염된 사람들에게 다시 한 번 시달릴 것이다. 하지만 나는 두렵지 않으며 죽을 때까지 개천혁명의 길을 묵묵히 걸어갈 생각이다. 이것이 하늘이 내린 나의 운명이니까…….

개천혁명

2판 1쇄 발행 2021년 6월 25일

글쓴이 박석재
펴낸이 이경민

편집 최정미, 김세나
디자인 소피아

펴낸곳 (주)동아엠앤비
출판등록 2014년 3월 28일(제25100-2014-000025호)
주소 (03737) 서울특별시 서대문구 충정로 35-17 인촌빌딩 1층
전화 (편집) 02-392-6903 (마케팅) 02-392-6900
팩스 02-392-6902
SNS
전자우편 damnb0401@naver.com

ISBN 979-11-6363-517-8 (03300)

※ 책 가격은 뒤표지에 있습니다.
※ 잘못된 책은 구입한 곳에서 바꿔 드립니다.
※ 저자와의 협의에 따라 인지는 붙이지 않습니다.
※ 그림 및 사진 제공: 상생방송 및 한국천문연구원 등